Hachenburg

Gesetz
betreffend die
Gesellschaften mit beschränkter Haftung (GmbHG)

Großkommentar

Siebente, völlig neu bearbeitete Auflage

von

Dr. Carl Hans Barz†
Rechtsanwalt und Notar in Frankfurt/M.

M. C. J. Dr. Peter Behrens
Wissenschaftlicher Referent am Max-Planck-Institut für ausländisches und internationales Privatrecht in Hamburg

Dr. Reinhard Goerdeler
Rechtsanwalt und Wirtschaftsprüfer in Frankfurt/M. unter Mitarbeit von Dr. Welf Müller, Rechtsanwalt und Steuerberater in Frankfurt/M.

Dr. Ulrich Klug
o. Professor an der Universität zu Köln

Dr. Hans-Joachim Mertens
o. Professor an der Universität Frankfurt/M.

Dr. Wolfgang Schilling
Rechtsanwalt in Mannheim
Honorarprofessor an der Universität Heidelberg unter Mitarbeit von
Dr. Jürg Zutt, Rechtsanwalt in Mannheim

Dr. Peter Ulmer
o. Professor an der Universität Hamburg

2. Lieferung

§ 13 mit Anhang I (Einmanngesellschaft und Durchgriffshaftung) und Anhang II (Die GmbH im Konzernverband), § 14.

Bearbeiter:
§§ 13, 14: Schilling
Anhang I: Mertens
Anhang II: Barz

1975

de Gruyter · Berlin · New York

Hinweis:

Um den Bedürfnissen der Praxis gerecht zu werden und um in der Erscheinungsweise nicht festgelegt zu sein, wird auf eine durchgehende Paginierung der Bände verzichtet. Durch Verwendung der Randnummern sind Seitenzahlen — vor allem für das Zitieren — entbehrlich.

Die einzelnen Lieferungen werden in der Reihenfolge des Erscheinens durchnumeriert; die Folge wird also von derjenigen des Gesamtwerkes abweichen. Nach Komplettierung einer Einheit werden jeweils Einbanddecken geliefert werden.

Der Verlag

CIP-Kurztitelaufnahme der Deutschen Bibliothek

Gesetz betreffend die Gesellschaften mit beschränkter Haftung (GmbHG); Großkommentar/Hachenburg. Von Carl Hans Barz [u. a.]
(Großkommentare der Praxis)
6. Aufl. u. d. T.: Hachenburg, Max: Kommentar zum Gesetz betreffend die Gesellschaften mit beschränkter Haftung.
NE: Hachenburg, Max [Begr.]; Barz, Carl Hans [Mitarb.]
Lfg. 2 ff.
ISBN 3-11-006693-9 (Lfg. 2)

Printed in Germany

Satz und Druck: Walter de Gruyter & Co., Berlin 30
Bindearbeiten: Lüderitz & Bauer, Buchgewerbe GmbH, Berlin 61

ZWEITER ABSCHNITT

Rechtsverhältnisse der Gesellschaft und der Gesellschafter

§ 13

Die Gesellschaft mit beschränkter Haftung als solche hat selbständig ihre Rechte und Pflichten; sie kann Eigentum und andere dingliche Rechte an Grundstücken erwerben, vor Gericht klagen und verklagt werden.

Für die Verbindlichkeiten der Gesellschafter haftet den Gläubigern derselben nur das Gesellschaftsvermögen.

Die Gesellschaft gilt als Handelsgesellschaft im Sinne des Handelsgesetzbuches.

Übersicht

Einleitung

Die Vorschrift bestimmt drei wesentliche Eigenschaften der GmbH: Sie hat „als solche" selbständig ihre Rechte und Pflichten (Abs. 1), d. h. sie besitzt eigene Rechtspersönlichkeit. Für ihre Verbindlichkeiten haftet den Gläubigern nur das Gesellschaftsvermögen (Abs. 2). Das bedeutet, daß die persönliche Haftung der Gesellschafter ausgeschlossen ist. Abs. 3 bestimmt, daß die GmbH immer Handelsgesellschaft ist. **1**

Reform

Zum Regierungsentwurf eines GmbHG siehe Allg. Einl. Rdn. 57—72. Dem § 13 Abs. 1 entspricht § 1 Abs. 1 RegE. Er sagt im Satz 1 ausdrücklich, daß die GmbH eine Gesellschaft mit eigener Rechtspersönlichkeit ist. Er spricht anschließend eine weitere wesentliche Eigenschaft der GmbH aus, nämlich die freie Gestaltbarkeit ihrer Rechtsverhältnisse im Rahmen der zwingenden Gesetzesvorschriften. § 1 Abs. 1 Satz 2 RegE wiederholt wörtlich den § 13 Abs. 2 des geltenden Gesetzes. Dem Abs. 3 des § 13 entspricht § 3 RegE. **2**

I. Die Struktur der GmbH

Schrifttum. *Erlinghagen* wie in Allg. Einl. vor Rdn. 57; *Immenga* und *Martens* wie in Allg. Einl. vor Rdn. 1; *Raisch* Unternehmensrecht 1, **1973** S. 169ff.; *Wieland* Handelsrecht I 396ff.

1. Eigene Rechtspersönlichkeit

3 Der Text des Abs. 1 ist zu vergleichen einerseits mit § 124 HGB, andererseits mit § 1 AktG. Dieser spricht der AG ausdrücklich eigene Rechtspersönlichkeit zu. Erstere Bestimmung hat die oHG mit den gleichen Rechten ausgestattet wie die GmbH, nur hat sie nicht ausgesprochen, daß die oHG „als solche selbständig" ihre Rechte und Pflichten hat. Es ist aber weniger diese Textverschiedenheit, aus der sich ergibt, daß die oHG keine eigene Rechtspersönlichkeit hat, während die GmbH sie besitzt. Das ist vor allem aus der **Konstruktion** beider Gesellschaften zu folgern. Der Ausschluß der persönlichen Haftung der Gesellschafter und die strenge Trennung von Gesellschaftsvermögen und Vermögen der Gesellschafter lassen es zweckmäßig erscheinen, daß die Gesellschaft als eigener Rechts- und Pflichtenträger besteht. Demgemäß stehen sich GmbH und Gesellschafter als Berechtigte und Verpflichtete gegenüber. Der Gesellschafter ist der Gesellschaft zur Zahlung seiner Einlage, zur Gewährung der Nachschüsse, zur Rückgabe des zu Unrecht empfangenen Stammkapitals verpflichtet. Ihr gegenüber besteht sein Anspruch auf Teilnahme am Gewinn, auf Mitwirkung bei der Verwaltung, auf Auflösung durch Richterspruch auf Anteil am Liquidationsergebnis, s. aber auch Rdn. 6—9.

4 Aus der eigenen Rechtspersönlichkeit ergibt sich auch die Selbständigkeit der **Beteiligung** des Gesellschafters. Daher bleibt die GmbH bestehen, auch wenn alle Geschäftsanteile sich in einer Hand vereinigen (s. Anhang I: Einmanngesellschaft). Daher kann die GmbH ihre eigenen vollbezahlten Geschäftsanteile erwerben (§ 33). Beides ist bei der Personengesellschaft nicht möglich. Das Gesellschaftsvermögen ist von dem Vermögen der Gesellschafter in gleicher Weise zu trennen wie die selbstständige Rechtspersönlichkeit der GmbH von der Person ihrer Gesellschafter. Die Ansicht, daß die GmbH eigene Rechtspersönlichkeit hat, ist heute einhellig. Über frühere abweichende Meinungen s. die Vorauf1. Anm. 2. Über die wesentlichen Merkmale der GmbH s. im übrigen Allg. Einl. Rdn. 9—11.

2. Die GmbH als Personenverband

5 Die übliche Einteilung der Gesellschaften in Personen- und Kapitalgesellschaften beruht auf ihrer Konstruktion als Gesamthand oder als juristische Person. Diese Einteilung, der auch das Steuerrecht gefolgt ist (s. Allg. Einl. Rdn. 35), stellt die Vermögensträgerschaft in den Vordergrund, vernachlässigt aber das personale Element. Gesamthand und juristische Person werden als Gegensatz begriffen statt als verschiedene Möglichkeiten, einen Personenverband rechtlich zu verselbständigen. Diese einseitige Betrachtungsweise reiht die GmbH — entgegen ihrer empirischen Erscheinungsform, s. Allg. Einl. Rdn. 14—27 — in dieselbe Kategorie ein wie die Aktiengesellschaft und stellt sie in Gegensatz zur oHG und KG. In Wirklichkeit schließen eigene Rechtspersönlichkeit und beschränkte Haftung aller Gesellschafter deren persönliche Verbundenheit mit der Gesellschaft und untereinander und damit die Eigenschaft als **Personenverband** nicht aus (s. auch Allg. Einl. Rdn. 4 und 36). Gibt man gegenüber der alten einer neuen Systematik den Vorzug, die weniger auf die juristische Konstruktion als auf das Verhältnis der Gesellschafter zur Gesellschaft

und untereinander abhebt, so wird man die GmbH mit der oHG und der KG (einschließlich der GmbH & Co, — s. Allg. Einl. Rdn. 32—41) als **personenbezogene** Unternehmen mit personalistisch-individualistischer Prägung zusammenfassen und ihnen die AG als **kapitalmarktbezogenes** Unternehmen mit kollektivistischer Prägung gegenüberstellen. Dieselbe Einteilung trifft *Erlinghagen* (S. 218), wenn er die AG als offene, die anderen als private Gesellschaften bezeichnet.

3. Rechtsbeziehungen unter den Gesellschaftern

Schrifttum (S. auch vor Rdn. 3). *Ballerstedt* wie in Allg. Einl. vor Rdn. 9; *Ganssmüller* GmbH-Rdsch **1963** 7; **1968** 75; *Hoffmann* Die Klagebefugnis des GmbH-Gesellschafters, GmbH-Rdsch **1963** 61; *Hofmann* GmbH-Rdsch **1967** 97; *Landgrebe* Der Rechtsgedanke der actio pro socio im Recht der GmbH, Diss. Bonn (1966); *ders.* GmbH-Rdsch **1967** 227; *Maatz* Geltendmachung von Gesellschaftsansprüchen durch Mitgesellschafter einer GmbH im eigenen Namen, GmbH-Rdsch **1974** 124; *Nitschke* Die Geltendmachung von Gesellschaftsforderungen durch den einzelnen Gesellschafter einer Personengesellschaft (Gesamthänderklage), ZHR 128 **1966** 48; *H. M. Schmidt* Die gegenseitige Treupflicht der GmbH-Gesellschafter, GmbH-Rdsch **1960** 137; *Wiedemann* Unternehmensrecht und GmbH-Reform JZ **1970** 595; *ders.* Unternehmerische Verantwortlichkeit und formale Unternehmensziele in einer zukünftigen Unternehmensverfassung, Festschr. f. C. H. Barz (1974) S. 561, 568.

Die Rechtsfähigkeit der GmbH bedeutet, daß sie nicht nur Zuordnungssubjekt **6** der Rechte und Pflichten gegenüber Dritten, sondern auch gegenüber ihren Gesellschaftern ist (Rdn. 3). Die Verselbständigung der Gesellschaft zur juristischen Person geht aber nicht weiter als ihr Zweck. Die eigene Rechtspersönlichkeit erleichtert die Teilnahme am Rechtsverkehr und gewährleistet die für die Aufbringung und Erhaltung des Stammkapitals notwendige Trennung des Gesellschaftsvermögens von dem der Gesellschafter. Dieser Zweck schließt Rechtsbeziehungen zwischen den Gesellschaftern aus dem Gesellschaftsverhältnis nicht aus (anders die Voraufl.; die Rechtspr. des BGH scheint zu einer vorsichtigen Bejahung von Rechtsbeziehungen zu neigen, s. BGHZ **9** 157, 163, 167; **14** 25, 38; **14** 53, 57). Für das Bestehen solcher Rechtsbeziehungen spricht einmal die sich aus den §§ 24, 31 Abs. 3 ergebende **Haftungsgemeinschaft** bei der Aufbringung und Erhaltung des Stammkapitals (s. die Erl. zu § 24), mehr noch in rechtstatsächlicher Hinsicht die **persönliche Verbundenheit,** das Angewiesensein auf gegenseitiges Vertrauen und Rücksichtnahme, wie sie bei einem Personenverband typisch sind. Daraus ist zu schließen, daß die durch den Gesellschaftsvertrag geschaffenen wechselseitigen Rechtsbeziehungen nach Entstehung der Gesellschaft als juristische Person fortdauern und die Gesellschafter auch untereinander verpflichten, die festgesetzten Leistungen zu erbringen, den Gesellschaftszweck zu fördern und gesellschaftsschädliche Handlungen zu unterlassen.

Diese Rechtsbeziehungen äußern sich einmal in einer **Treupflicht,** die die Gesell- **7** schafter nicht nur der Gesellschaft (dazu § 14, 23ff.), sondern sich auch gegenseitig schulden. Sie verpflichten den einzelnen Gesellschafter, bei der Ausübung seiner Gesellschafterrechte auf die Interessen der anderen Gesellschafter Rücksicht zu nehmen. Die Treupflicht kann gegebenenfalls auch ein **positives Handeln** verlangen. So sind z. B. die Gesellschafter einander zur Mitwirkung bei der Feststellung des Jahresabschlusses verpflichtet. Diese Mitwirkungspflicht kann durch **Klage** eines Gesellschafters gegen den anderen erzwungen werden (zur Erzwingung der Stimmpflicht s. auch BGHZ **48** 163). Das gleiche gilt für eine etwa aus der gegenseitigen Treupflicht geschuldete Unterlassung.

4. Die Gesellschafterklage (actio pro socio)

Schrifttum. S. vor Rdn. 3 und 6.

8 Von der eben erwähnten Klage des Gesellschafters gegen einen anderen Gesellschafter auf eine ihm unmittelbar geschuldete Leistung (oder Unterlassung) ist die Gesellschafterklage (actio pro socio) zu unterscheiden, eine im Recht der Personengesellschaften anerkannte Einrichtung (vgl. *Hueck* Das Recht der offenen Handelsgesellschaft § 18 II 3 S. 261, *Fischer* GroßkommHGB § 124 Anm. 11). Sie ist dort die Klage eines Gesellschafters im eigenen Namen und **aus eigenem Recht** gegen einen anderen Gesellschafter auf eine **der Gesellschaft geschuldete** Leistung (oder Unterlassung) an die Gesellschaft. Sie steht grundsätzlich auch den Gesellschaftern der GmbH zu. Diese Berechtigung folgt aus den Rechtsbeziehungen der Gesellschafter untereinander, die auch nach Erlangung der Rechtsfähigkeit der Gesellschaft fortdauern (Rdn. 6). Die Klagebefugnis ist hier dem Gesellschafter zwar auch aus eigenem Recht verliehen, aber zur Geltendmachung eines **fremden** Rechts in eigenem Namen. Es handelt sich also um eine **Prozeßstandschaft** (vgl. *Baumbach-Lauterbach* ZPO § 50 Grundz 4 B), deren Umfang jedoch durch die körperschaftliche Verfassung eingeschränkt wird. Bei der GmbH ist es in erster Linie Sache der hierzu berufenen Organe, die Rechte der Gesellschaft gegenüber den Gesellschaftern wahrzunehmen. Deren Befugnis geht der Gesellschafterklage vor. Die actio pro socio im Recht der GmbH kann — anders als im Recht der oHG — nur als **subsidiäre Notzuständigkeit** begriffen werden. Nur falls die zuständigen Organe untätig bleiben und deshalb der Gesellschaft Schaden droht, wenn der Geschäftsführer nicht handelt, wo er handeln muß und die Gesellschafterversammlung ihn nicht anweist, zu handeln, darf und kann der einzelne Gesellschafter kraft seiner Gesellschaftereigenschaft eingreifen. Weist die Gesellschafterversammlung den Geschäftsführer durch Mehrheitsbeschluß an, von der Geltendmachung des Anspruchs gegen einen Gesellschafter abzusehen, so muß der überstimmte Gesellschafter diesen Beschluß durch eine auf Mehrheitsmißbrauch gegründete Anfechtungsklage (s. Anhang zu § 47) beseitigen, bevor er die Gesellschafterklage erheben kann.

9 Die in Rdn. 8 beschriebene und für zulässig gehaltene Prozeßstandschaft ist nur für Ansprüche gegen Gesellschafter gegeben. Das Aktienkonzernrecht hat darüber hinaus eine Berechtigung des einzelnen Aktionärs zur Geltendmachung von Ersatzansprüchen der Gesellschaft gegen die gesetzlichen Vertreter des herrschenden Unternehmens im Vertragskonzern (§ 309 Abs. 4 Satz 1 und 2 AktG), gegen das herrschende Unternehmen und die eigenen Organe bei Fehlen eines Beherrschungsvertrags (§§ 317 Abs. 4, 318 Abs. 4) geschaffen. § 90 Abs. 2 RegE sieht in bestimmten Fällen ebenfalls eine Prozeßstandschaft des einzelnen Gesellschafters zur Geltendmachung von Ersatzansprüchen gegen Geschäftsführer und Mitglieder des Aufsichtsrats vor, s. auch die Erl. zu § 46 Nr. 8. Zur Übernahme dieser Rechtsgedanken i. S. einer Fortentwicklung des Gläubiger- und Minderheitschutzes in das GmbH-Recht s. § 14, 26.

5. Streit um die Mitgliedschaft

10 Aus den Rechtsbeziehungen der Gesellschafter untereinander ergibt sich auch die Befugnis des einzelnen Gesellschafters, gegen einen anderen auf **Feststellung** zu klagen, daß er oder daß er nicht Gesellschafter sei, ebenso *Hofmann* GmbH-Rdsch **1967** 99. Letzteres hat das OLG Nürnberg (BB **1971** 1478) mit der unrichtigen Begründung verneint, die Ausübung von Gesellschafterrechten durch einen Nicht-

gesellschafter sei kein Eingriff in die Rechtsphäre der Gesellschafter, sondern allein der Gesellschaft. Der Streit, wer Gesellschafter ist, kann aber auch in einem Prozeß mit der **Gesellschaft** ausgetragen werden (BGH LM § 13 Nr. 5 = GmbH-Rdsch **1963** 7 m. Anm. v. *Ganssmüller*; BGH WM **1964** 265; **1969** 1257; **1975** 512, 514). So kann ein Gesellschafter gegen die Gesellschaft auf Feststellung klagen, daß ein Dritter nicht Gesellschafter ist (OLG Stuttgart GmbH-Rdsch **1967** 97 m. Anm. von *Hofmann*). Nur wenn die Gesellschaft Partei ist, wirkt das Urteil **Rechtskraft** für und gegen sie und damit für und gegen ihre Organe. Das gilt insbesondere für die Gesellschafterversammlung. Auch der einzelne Gesellschafter kann die Gesellschaftereigenschaft eines anderen nicht mehr bestreiten, wenn sie gegenüber der Gesellschaft rechtskräftig festgestellt ist. Eine notwendige Streitgenossenschaft zwischen der Gesellschaft und den sich über die Gesellschaftereigenschaft streitenden Personen besteht aber nicht (BGH WM **1964** 265; vgl. BGHZ **30** 195 für die Personengesellschaft).

II. Die GmbH im Rechtsverkehr

1. Rechtsbeziehungen des Privatrechts

Die GmbH als solche hat selbständig ihre Rechte und Pflichten (Abs. 1 Halbs. 1). **11**
Daß sie Eigentum und andere dingliche Rechte an Grundstücken erwerben kann, ist in Abs. 1 Halbs. 2 nur beispielhaft gesagt. Die GmbH ist aller Rechte und Pflichten fähig, die sich mit der Eigenschaft als juristische Person vertragen, also nicht ihrem Wesen nach nur auf natürliche Personen zugeschnitten sind. So kann der juristischen Person ein allgemeines Persönlichkeitsrecht nicht zugesprochen werden, wohl aber kann sie Inhaber **einzelner Persönlichkeitsrechte** sein wie des Namensrechts (§ 12 BGB) oder des Rechts an der Geheimsphäre (im einzelnen s. *Lessmann*, Persönlichkeitsschutz juristischer Personen AcP 170 **1970** 266ff m. weit. Nachw.), ebenso **gewerblicher Schutzrechte.** Das **Firmenrecht** der GmbH ergibt sich aus den §§ 4, 13 Abs. 3 GmbHG, §§ 6, 17 HGB. Die GmbH kann **Gesellschafter** einer Kapital- oder Personengesellschaft sein; zur GmbH u. Co KG s. Allg. Einl. Rdn. 32ff.

Aus der **Rechtsfähigkeit** der GmbH ergibt sich die Anwendbarkeit aller Vor- **12**
schriften des BGB und sonstiger Gesetze über rechtsfähige Personen. Sie kann Bevollmächtigte sein, Verträge abschließen, natürlich auch mit ihren Gesellschaftern. Sie kann **Erbe** und Vermächtnisnehmer sein (vgl. § 2163 Abs. 2 BGB), ebenso Nachlaßpfleger, Nachlaßverwalter und Testamentsvollstrecker. Letzteres folgt auch aus § 2210 Satz 3 BGB. Dagegenüber überwiegt beim **Vormund** das persönlich-familiäre Element so sehr, daß die GmbH von diesem Amt ausgeschlossen ist, vgl. § 1779, arg. e contrario auch § 1791 a BGB. Sie kann auch nicht als **Konkursverwalter** bestellt werden (wohl aber der Geschäftsführer oder ein Angestellter), da dieses Amt die Verantwortlichkeit einer natürlichen Person verlangt (s. dazu die Komm. zur KO von *Jaeger-Weber* § 78 Anm. 7, *Mentzel-Kuhn* § 78 Anm. 2 und *Böhle-Stammschräder* § 78 Anm. 1).

Die GmbH ist auch aktiv und passiv deliktsfähig, d. h. sie kann eine **unerlaubte** **13**
Handlung begehen und durch eine solche verletzt werden, soweit nicht eine natürliche Person als Verletzter vorausgesetzt ist. Sie genießt auch strafrechtlichen Ehrenschutz, BGHSt **6** 187. Für alle Rechtsbeziehungen der GmbH gilt die **Organhaftung** in entsprechender Anwendung des § 31 BGB, der einen allgemeinen Rechtsgedanken ausdrückt. Danach ist die GmbH für den Schaden verantwortlich, den der Geschäftsführer oder ein anderer verfassungsmäßig berufener Vertreter durch eine in Ausführung der ihm zustehenden Verrichtungen begangene, zum Schadenersatz verpflichtende Handlung einem Dritten zufügt.

2. Die GmbH im Zivilprozeß

14 Die GmbH kann vor Gericht klagen und verklagt werden (§ 13 Abs. 1). Sie ist **parteifähig,** weil sie rechtsfähig ist (§ 50 Abs. 1 ZPO). Nicht richtig ist es, der juristischen Person die Geschäfts- und damit die Prozeßfähigkeit abzusprechen, weil sie nur durch ihre Organe handeln könne (so die Voraufl. Anm. 11; BGHZ **38** 75; *Baumbach-Hueck* § 13, 1 B; *Baumbach-Lauterbach* ZPO § 52, 1 B; *Wieczorek* Komm. z. ZPO § 51, B Id1 m. w. N.). Die Organe sind ein Teil der juristischen Person, durch sie handelnd ist sie **prozeßfähig** (ebenso BGH NJW **1965** 1666; *Staudinger-Coing* BGB Einl. 21 zu §§ 21ff; *Lent-Jauernig* Zivilprozeßrecht § 22 II). Die GmbH, handelnd durch den Geschäftsführer ist **prozeßfähig,** weil sie sich insoweit auch durch Verträge verpflichten kann, § 52 Abs. 1 ZPO. Die GmbH kann deshalb im Parteiprozeß Prozeßbevollmächtigter sein (§ 79 ZPO). § 57 ZPO ist auf sie allenfalls analog anzuwenden.

15 Im Prozeß wird die GmbH durch die **Geschäftsführer** vertreten. Sie sollen in den Schriftsätzen, namentlich in der Klagschrift angegeben werden, § 130 Nr. 1 ZPO. Bei mehreren Geschäftsführern genügt die Zustellung an einen, § 171 Abs. 3. Die Geschäftsführer werden als Partei vernommen, §§ 445ff, sie geben die anstelle des Offenbarungseides getretene eidesstattliche Versicherung ab, §§ 807, 883, 889. Sie können nicht **Zeuge** sein, wohl aber die Gesellschafter. Auch die Mitglieder des Aufsichtsrats können Zeuge im Rechtsstreit der Gesellschaft sein, wenn der Aufsichtsrat nicht ausnahmsweise die Gesellschaft vertritt. Das **Armenrecht** kann der GmbH nach Maßgabe des § 114 Abs. 4 ZPO bewilligt werden. Nicht nur sie selbst, sondern auch die wirtschaftlich Beteiligten, das sind in der Regel alle Gesellschafter, müssen außerstande sein, die zur Führung des Prozesses erforderlichen Mittel aufzubringen. Nach § 17 ZPO wird der allgemeine **Gerichtsstand** der GmbH durch ihren Sitz bestimmt. Der Sitz ergibt sich aus der Satzung, § 3 Abs. 1 Nr. 1. Die Hilfsbestimmung des § 17 Abs. 1 Satz 2, wonach als Sitz der Ort der Verwaltung gilt, findet also keine Anwendung. Der Gerichtsstand des statutarischen Sitzes gilt auch für Mitgliedschaftsklagen, d. h. für Streitigkeiten zwischen der Gesellschaft und ihren Gesellschaftern und zwischen den Gesellschaftern, beide aber nur soweit sie sich aus der Mitgliedschaft ergeben, § 22 ZPO. Über die Zuständigkeit der Kammer für Handelssachen s. Rdn. 26 und § 95 GVG.

3. Das satzungsmäßige Schiedsgericht

16 Die Satzung der GmbH kann vorsehen, daß Streitigkeiten zwischen der Gesellschaft und den Gesellschaftern und zwischen diesen untereinander aus dem Gesellschaftsverhältnis unter Ausschluß des ordentlichen Rechtswegs durch ein Schiedsgericht entschieden werden. Nach der h. M. ist ein solches Schiedsgericht ein durch Verfügung angeordnetes i. S. des § 1048 ZPO und die Formvorschrift des § 1027 nicht anwendbar (RGZ **153** 267, 270; **165** 140, 143; BGH LM AktG 37 § 199 Nr. 1 für die AG; *Baumbach-Lauterbach* § 1048, 3; *Wieczorek* § 1048, A IIb; *Baumbach-Schwab* Schiedsgerichtsbarkeit² S. 226; *Rosenberg-Schwab* § 174 IX 3; *Wellmann* GmbH-Satzung und Schiedsgerichtsklausel BB **1961** 695; *Wolany* Rechte und Pflichten des Gesellschafters einer GmbH, **1964** S. 190). BGHZ **38** 155, 159 (= LM § 1027 ZPO Nr. 4 m. Anm. v. *Johannsen*) will zu der Frage keine Stellung nehmen. Seine weiteren Ausführungen gründen aber doch auf der h. M. Eine gegenteilige Meinung vertreten *Schlosser* (*Stein-Jonas-Schlosser* § 1048 II) und *Kleinmann* BB **1970** 1076. Für sie beruht auch das in der Satzung einer juristischen Person angeordnete Schiedsgericht auf einem Schiedsvertrag, für den § 1027 gilt.

Der h. M. ist zu folgen. Zwar ist die Satzung aus dem bei der Gründung abgeschlossenen Gesellschaftsvertrag hervorgegangen. Das dort vereinbarte Schiedsgericht wird aber mit der Eintragung und Entstehung der Gesellschaft als Körperschaft ein **angeordnetes** i. S. des § 1048 ZPO. Daher wird die Schiedsklausel erst mit der Eintragung der Gesellschaft wirksam. Das Schiedsgericht kann auch durch nachträgliche **Satzungsänderung** angeordnet werden. Das ist aber nicht durch Mehrheitsbeschluß möglich, sondern bedarf der **Zustimmung aller Gesellschafter** (ebenso Schlosser wie in Rdn. 16 II 3a). Es handelt sich um einen Verzicht auf den gesetzlichen Richter, den die Mehrheit nicht der Minderheit aufzwingen kann (vgl. Art. 101 Abs. 1 Satz 2 GG und *Flume* Die Vereinsstrafe in Festschrift für Bötticher (1969) 101, 133). **17**

Gegenüber dem Erwerber eines Geschäftsanteils als **neuem Gesellschafter** gilt die Schiedsklausel ohne weiteres. Denn mit dem Eintritt in die Gesellschaft unterwirft er sich der Satzung und der in ihr angeordneten Schiedsgerichtsbarkeit. **18**

Für den **Umfang** der der Schiedsklausel unterworfenen Rechtsstreitigkeiten gilt § 1026 ZPO. Das Gesellschaftsverhältnis ist ein bestimmtes Rechtsverhältnis i. S. dieser Vorschrift. Das Schiedsgerichtsverfahren kann also für **alle Streitigkeiten aus dem Gesellschaftsverhältnis** vereinbart werden. Das sind Streitigkeiten über solche Rechtsverhältnisse, die der Bestimmung der Gesellschafter unterliegen, also den Gegenstand statutarischer Bindung bilden können (BGHZ **38** 155, 161/2). Darunter fallen auch solche aus den Rechtsbeziehungen der Gesellschafter untereinander (Rdn. 6, 7), auch aus einem in der Satzung festgesetzten Vorerwerbs- oder Vorkaufsrecht (vgl. die Erl. zu § 15). Das Gesellschaftsverhältnis besteht zwischen der Gesellschaft und den Gesellschaftern, aber auch zwischen diesen untereinander (Rdn. 6, 7). Die **Gesellschaft** ist der Schiedsklausel unterworfen, weil sie der Satzung und dem Willen der Gesellschafter unterworfen ist. Sollen noch andere, außerhalb des Gesellschaftsverhältnisses liegende Rechtsstreitigkeiten aus einem bestimmten zwischen der Gesellschaft und einem Gesellschafter oder zwischen den Gesellschaftern untereinander bestehenden Rechtsverhältnis einem Schiedsgerichtsverfahren unterworfen werden, so bedarf es des Abschlusses eines Schiedsvertrags unter Beachtung der Vorschriften des § 1027 ZPO (BGHZ **38** 155, s. dort die Ausführungen unter III S. 162ff. für den Fall, daß Gesellschaftsvertrag und Schiedsvertrag gleichzeitig abgeschlossen werden). **19**

Ein Schiedsgericht kann nicht vereinbart werden für Klagen auf **Nichtigkeit oder Anfechtung eines Gesellschafterbeschlusses** (dazu § 47 Anhang). Für diese Klagen gelten die Vorschriften des Aktiengesetzes (§§ 241ff.) und die Zuständigkeitsvorschrift des § 246 Abs. 3 Satz 1 AktG (Landgericht des Sitzes der Gesellschaft) ist zwingend (BGH LM AktG 37 § 199 Nr. 1; BGH WM **1966** 1132; zweifelnd *Wolany* S. 191f.). Die Unzulässigkeit ergibt sich auch aus § 1025 Abs. 1 ZPO Im Nichtigkeits- und Anfechtungsprozeß können sich die Parteien — Anfechtungskläger und Gesellschaft — nicht über den Streitgegenstand, also die Nichtigkeit eines Gesellschafterbeschlusses vergleichen, da diese für und gegen alle wirken muß und nach §§ 248, 249 AktG wirkt (*Schilling* GroßkommAktG § 246, 7, 14). **20**

Ist im Gesellschaftsvertrag bestimmt, daß bei Nichtzustandekommen eines Gesellschafterbeschlusses ein als Schiedsgericht bezeichnetes Gremium entscheiden soll, so tritt diese Entscheidung an die Stelle eines Gesellschafterbeschlusses. Das Gremium ist daher nicht Schiedsgericht, sondern **Gesellschaftsorgan.** Es wird nicht nach Maßgabe der §§ 1025ff. ZPO tätig. Seine Entscheidungen unterliegen wie Gesellschafterbeschlüsse der Nichtigkeits- oder Anfechtungsklage, wobei eine in dem Gremium erzielte Einstimmigkeit die Klage nicht ausschließt (BGHZ **43** 261). **21**

4. Die GmbH im öffentlichen Recht

22 Die inländische GmbH ist **grundrechtsfähig,** soweit die Grundrechte ihrem Wesen nach auf juristische Personen anwendbar sind, Art. 19 Abs. 3 GG. Das ist z. B. der Fall bei Art. 2 Abs. 1 GG i. S. einer allgemeinen Handlungsfreiheit und **wirtschaftlichen Entfaltungsfreiheit** (BVerfGE **20** 336, **23** 30, **29** 266). Ferner gilt der allgemeine **Gleichheitssatz** des Art. 3 Abs. 1 auch für juristische Personen, z. B. in vermögensrechtlicher Beziehung (BVerfGE **23** 163). Mit dem Gleichheitssatz ist es unvereinbar, die Freigrenze für die Offenlegungspflicht der Parteien nach Art. 21 Abs. 1 Satz 4 GG über die Herkunft der Spenden von natürlichen und juristischen Personen verschieden zu bemessen (BVerfGE **24** 301, 357). Für die Besteuerung gewerblicher Einkünfte sind Kapitalgesellschaften und Personengesellschaften grundsätzlich ungleich, alle Kapitalgesellschaften, gleichviel ob personenbezogen oder anonym, unter sich grundsätzlich gleich (BVerfGE **13** 339, vgl. dazu auch Allg. Einl. Rdn. 35). Die Unterwerfung der GmbH u. Co KG unter die Gesellschaftsteuer in § 6 Abs. 1 Nr. 4 KapVerkStG verstößt nicht gegen Art. 3 Abs. 1 GG (BVerfGE **24** 174). Die Nichtabzugsfähigkeit der Aufsichtsratsvergütungen in § 12 Nr. 3 KörpStG ist keine unzulässige Ungleichbehandlung gegenüber Kapitalgesellschaften ohne Aufsichtsrat oder gegenüber Personengesellschaften (BVerfGE **34** 103).

23 Die GmbH genießt das Grundrecht der **Pressefreiheit** (Art. 5 Abs. 1 Satz 2, BVerfGE **21** 277), ebenso das der **Vereinigungsfreiheit** (Art. 9 Abs. 1). Dabei ist Grundrechtsträger auch die Vereinigung selbst, deren Existenz und Funktionsfähigkeit geschützt sind (BVerfGE **30** 241). Auch die in Art. 12 Abs. 1 geschützte **Berufsfreiheit** steht der GmbH zu (BVerfGE **21** 266). Dabei ist Schutzgut die Freiheit, eine Erwerbszwecken dienende Tätigkeit, insbesondere ein Gewerbe zu betreiben, soweit diese Erwerbstätigkeit ihrem Wesen und ihrer Art nach in gleicher Weise von einer juristischen wie von einer natürlichen Person ausgeübt werden kann (BVerfGE **30** 312). Ebenso steht der **Eigentumschutz** des Art. 14 Abs. 1 der GmbH zu (BVerfGE **23** 163, 223), ferner, da sie parteifähig ist, das Recht auf den gesetzlichen Richter des Art. 101 Abs. 1 Satz 2 und das rechtliche Gehör nach Art. 103 Abs. 1 GG (BVerf **3** 363, **12** 8).

24 Die GmbH kann Träger sonstiger subjektiver öffentlicher Rechte und Pflichten sein. Soweit **persönliche Eigenschaften** maßgebend sind, kommt es auf die Person der Geschäfsführer als ihres handelnden Organs an. Hat das vertretungsberechtigte Organmitglied eine **Straftat** oder eine **Ordnungswidrigkeit** begangen, durch die eine der GmbH obliegende Pflicht verletzt oder die GmbH bereichert worden ist oder bereichert werden sollte, so kann gegen die GmbH als Nebenfolge der Straftat oder der Ordnungswidrigkeit eine **Geldbuße** festgesetzt werden (§ 26 des Gesetzes über Ordnungswidrigkeiten vom 24. 5. 1968 BGBl I 481; kritisch dazu *Eckardt* in *Gessler-Hefermehl-Eckardt-Kropff*, AktG § 1 Rdn. 24ff.; vgl. auch BVerfGE **20** 335).

III. Die Haftung für die Verbindlichkeiten der Gesellschaft

25 Den Gesellschaftsgläubigern haftet **nur** das Gesellschaftsvermögen, Abs. 2. Der damit ausgesprochene Ausschluß der persönlichen Haftung der Gesellschafter für die Verbindlichkeiten der Gesellschaft ist keine notwendige Folge der eigenen Rechtspersönlichkeit der GmbH (anders die Voraufl. und *Scholz* 13), vgl. die andere Regelung bei der KGaA. Vielmehr beruht dieser Ausschluß auf der ausdrücklichen Anordnung des Gesetzes. Andererseits trifft das Gesetz Vorsorge, daß das Gesellschaftsvermögen, soweit es zur **Erhaltung des Stammkapitals** erforderlich ist, **aus-**

schließlich den Gesellschaftsgläubigern zur Verfügung steht, §§ 30—33. Die Gesellschafter haften den Gläubigern auch nicht in Höhe ihrer noch nicht geleisteten Einlage unmittelbar wie bei der KG nach § 171 HGB (zur Pfändung rückständiger Einlageforderungen durch den Gesellschaftsgläubiger s. die Erl. zu § 19). Das GmbH-Gesetz kennt auch nicht die unmittelbare Haftung von Gesellschaftern oder Organmitgliedern gegenüber den Gläubigern in besonderen Fällen, wie sie das Aktiengesetz in den §§ 48, 62 Abs. 2, 93 Abs. 5, 117 Abs. 5 und 309 Abs. 4 Satz 3 festsetzt. Die Gesellschafterhaftung bleibt demnach auf vertragliche und deliktische Tatbestände nach den allgemeinen Vorschriften beschränkt, z. B. aus Schuldübernahme, Garantie, Bürgschaft, Rechtsschein oder einer unerlaubten Handlung nach den §§ 823ff. BGB (vgl. § 9, 40, 41). Daneben hat das Gesellschaftsrecht besondere Institute ausgebaut in der Durchgriffshaftung des beherrschenden Gesellschafters, insbesondere des Einmanns (s. dazu Anhang I zu § 13: Einmanngesellschaft und Durchgriffshaftung), in der Haftung aus Unterkapitalisierung (Anhang zu § 30) und aus Konzerntatbeständen (Anhang II zu § 13: Die GmbH im Konzernverband Rdn. 24, 25, 41, 43, 47, 48ff., s. aber auch § 11, 26, 27; s. ferner *Rehbinder* Konzernaußenrecht und allgemeines Privatrecht 1969).

IV. Die GmbH als Handelsgesellschaft

Die GmbH gilt als Handelsgesellschaft i. S. des HGB, Abs. 3. § 3 AktG und ihm **26**
folgend § 3 RegE z. GmbHG (Rdn. 2) fügen hinzu, daß dies auch gilt, wenn der Gegenstand des Unternehmens nicht im Betrieb eines Handelsgewerbes besteht (vgl. Allg. Einl. Rdn. 21). Das ist auch geltendes Recht für die GmbH und der eigentliche Inhalt der Vorschrift. Denn wenn die GmbH ein Handelsgewerbe i. S. der §§ 1, 2 HGB betreibt, ist sie ohnehin Kaufmann. Darauf kommt es aber nach dem Willen des Gestzes nicht an. Die GmbH wird in jedem Fall nach Abs. 3 als Handelsgesellschaft fingiert. Damit finden gemäß § 6 Abs. 1 HGB die für Kaufleute gegebenen Vorschriften auf sie Anwendung und zwar nach § 6 **Abs.** 2 diejenigen für den **Vollkaufmann.** Ist die GmbH also ohne Rücksicht auf den Gegenstand ihres Unternehmens (s. dazu § 1, 3ff. § 3, 17ff.) Kaufmann, so ist ihr Unternehmen auch immer **Handelsgewerbe** und sind ihre Geschäfte immer **Handelsgeschäfte** nach § 343 HGB. Die GmbH ist **Formkaufmann** und betreibt ein Handelsgewerbe kraft Rechtsform. Das ist heute allg. Meinung: *Scholz* 14, *Baumbach-Hueck* 3, *Brüggemann* GroßkomHGB § 6, 2 und *Ratz* ebenda § 343, 2, *Schlegelberger-Hildebrandt-Steckhan* § 6, 1; *Schlegelberger-Hefermehl* § 343, 4; für die AG: *Meyer-Landrut* GroßkomAktG § 3, 4; *Kraft* Köln KomAktG § 3, 9ff.; *Godin-Wilhelmi* § 3, 2; *Gessler-Hefermehl-Eckardt* § 3, 5ff. Die abw. Meinung in der Voraufl. Anm. 22, 25 wird aufgegeben. Da die GmbH — anders als nie natürliche Person — keine Privatsphäre hat und haben kann, gehören auch alle Geschäfte, die sie nach außen vornimmt, zum Betrieb ihres Handelsgewerbes i. S. des § 343 HGB (ebenso *Meyer-Landrut* aaO, *Eckardt* aaO 6, *Kraft* aaO 11).

Die GmbH unterliegt somit allen Vorschriften des I. und des III. Buches des **27**
HGB, auch wenn der Gegenstand ihres Unternehmens in Wirklichkeit nicht in dem Betrieb eines Handelsgewerbes besteht. Es gelten für sie die Vorschriften über das Handelsregister, die Handelsfirma, soweit nicht die Sondervorschrift des § 4 eingreift, und die Handelsbücher, soweit nicht die §§ 41, 42 eingreifen. Sie kann Prokura und Handlungsvollmacht erteilen §§ 48, 54 HGB. Ihre Angestellten sind Handlungsgehilfen gemäß § 59ff. HGB, wenn sie kaufmännische Dienste leisten (BAG NJW **1957** 763 = LM § 59 HGB Nr. 4 m. zust. Anm. v. *Hefermehl*; *Würdinger* GroßkomHGB § 59, 4; *Eckardt* aaO 8). Für sie gilt immer § 95 Abs. 1 Nr. 1 GVG

(ebenso *Baumbach-Hueck* 3). Umstritten ist, ob die GmbH auch ohne Rücksicht auf den Gegenstand ihres Unternehmens einen **Gewerbebetrieb** i. S. des § 196 Abs. 1 Nr. 1 und Abs. 2 BGB unterhält, so daß die dort bezeichneten Forderungen gegen sie erst in 4 Jahren verjähren. Die Frage ist zu bejahen (ebenso *Baumbach-Hueck* 3, *Meyer-Landrut* aaO, *Eckardt* aaO 6, *Kraft* aaO 12; **a. M.** RG DJZ **1913** 233; Celle OLGR **28** 42; *Scholz* 14). Wenn die GmbH als Kaufmann gilt, gilt ihr Unternehmen als Handelsgeewerbe und das ist ihr Gewerbebetrieb nach § 1 HGB und i. S. des § 196 BGB. Anders ist die Rechtslage außerhalb des HGB. Der Gewerbeordnung untersteht die GmbH nur, wenn sie ein **Gewerbe** i. S. dieses Gesetzes betreibt. Ebensowenig gilt die Fiktion eines Handelsgewerbes für den Begriff des **Erwerbsgeschäfts** in § 1822 Nr. 3 BGB. Dieser setzt eine berufsmäßig ausgeübte, auf selbständigen Erwerb gerichtete Tätigkeit voraus, RGZ **133** 7 (11).

ANHANG I

Einmanngesellschaft und Durchgriffshaftung

Übersicht

Schrifttum

Arbeitskreis GmbH-Reform Thesen und Vorschläge zur GmbH-Reform, Bd. 2 (1972) S. 35ff.; *Berns* Die Einmanngesellschaft mit beschränkter Haftung und das Selbstkontrahieren ihres geschäftsführenden Alleingesellschafters, Diss. Marburg (1964); *Caflisch* Die Bedeutung und Grenzen der rechtlichen Selbständigkeit der abhängigen Gesellschaft im Recht der Aktiengesellschaft (1961); *Cohn* und *C. Simitis* „Lifting the Veil" in the Company Laws of the European Continent, International & Comparative Law Quarterly 12 **1963** 189ff.; *Eckerle* Die Einmanngesellschaft — ihre wirtschaftlichen Motive und ihre rechtliche und rechtspolitische Beurteilung, Diss. Mannheim (1963); *Eltermann* Der verdeckte Kapitalentzug in der GmbH & Co. KG, Diss. Köln (1972); *ders.* Zur Zulässigkeit der Einheits-GmbH & Co. unter dem Gesichtspunkt des Gläubigerschutzes, GmbH-Rdsch. **1973** 207; *Fabricius* Relativität der Rechtsfähigkeit. Ein Beitrag zur Theorie und Praxis des privaten Personenrechts (1963); *Fauser* Die Rechtsnatur der Einmanngesellschaft (1965); *Göggerle* Die teleologische Reduktion des § 181 BGB unter besonderer Berücksichtigung der Einmann-GmbH mit identischem Gesellschafter-Geschäftsführer, Diss. Tübingen (1974); *Gottschling* Die Einmann-GmbH in der Rechtsprechung des Bundesgerichtshofes und des Bundesfinanzhofes, GmbH-Rdsch. **1959** 194; *Griebel* Die Einmanngesellschaft (1933); *W. Henkel* Zur Theorie der Juristischen Person im 19. Jahrhundert — Geschichte und Kritik der Fiktionstheorien, Diss. Göttingen (1973); *Hunscha* Die GmbH & Co. KG als Alleingesellschafterin ihrer GmbH-Komplementärin (1974); *Ilgen* Die Einmanngesellschaft als atypische Gesellschaftsform im deutschen und französischen Recht, Diss. Köln (1969); *Ippen* Die GmbH & Co. KG als Inhaberin sämtlicher Geschäftsanteile ihrer allein persönlich haftenden GmbH-Komplementärin, Diss. Münster (1967); *Kamm* Gesellschafterdarlehen an Kapitalgesellschaften nach deutschem Recht unter Berücksichtigung des schweizerischen und französischen Rechts (1967) S. 58ff., 69ff.; *O. Kuhn* Strohmanngründung bei Kapitalgesellschaften (1964); dazu *Ballerstedt* ZHR 128 **1966** 119; *Mertens* Die Einmann-GmbH & Co. KG und das Problem der gesellschaftsrechtlichen Grundtypenvermischung NJW **1966** 1049; *Müller-Freienfels* Zur Lehre vom sogenannten „Durchgriff" bei juristischen Personen im Privatrecht AcP 156 **1957** 522ff.; *Paulick* Die Einmann-GmbH & Co. KG als stille Gesellschaft, Festschrift H. Demelius (1973) S. 399ff.; *Pfleger* Die Stiftung als Alleingesellschafter der Einmann-GmbH (1969); *Plander* Geschäfte des Gesellschafter-Geschäftsführers der Einmann-GmbH mit sich selbst (1969); *E. Rehbinder* Konzernaußenrecht und allgemeines Privatrecht (1969); *ders.* Die GmbH als Konzernunternehmung, in: GmbH-Reform (1970) S. 127ff.; *Reinhardt* Gedanken zum Identitätsproblem bei der Einmanngesellschaft, Festschrift H. Lehmann, Bd. 2 (1956) S. 576; *Rotondi* Zur Haftungsbeschränkung des Einzelkaufmanns, ZHR 131 **1968** 330ff.; *Schanze* Einmanngesellschaft und Durchgriffshaftung als Konzeptionalisierungsprobleme gesellschaftsrechtlicher Zurechnung, Diss. Frankfurt (1975); *Schilling* Die Einmanngesellschaft und das Einzelunternehmen mbH, JZ **1953** 161ff.; *ders.* Rechtspolitische Gedanken zur GmbH & Co., Festgabe Kunze (1969) S. 189; *ders.* Die GmbH & Co. KG als Einheitsgesellschaft, Festschrift Barz (1974) S. 67; *K. Schmidt* Wohin führt das Recht der Einmanngesellschaft? GmbH-Rdsch. **1974** 178; *Schönle* Die Einmann- und Strohmanngesellschaft (1957); *Serick* Rechtsform und Realität juristischer Personen (1955); Tröster Die Einmann-GmbH — Ein Beitrag zur Lehre von der Relativität der Rechtsfähigkeit (1971); *Wieacker* Zur Theorie der Juristischen Person des Privatrechts, Festschrift E. R. Huber (1973) S. 339; *Wiethölter* Die GmbH in einem modernen Gesellschaftsrecht und der Referentenentwurf eines GmbH-Gesetzes, in: Probleme der GmbH-Reform (1970) S. 11; *ders.* Die GmbH & Co. KG — Chancen und Grenzen, in: Aktuelle Probleme der GmbH & Co. (1967) S. 11; *G. Woernle* Die organähnliche Haftung des machtausübenden Hauptaktionärs gegenüber Gläubigern der abhängigen Aktiengesellschaft, Diss. Lausanne (1970); *Wolany* Soll die Einmann-GmbH beibehalten werden? GmbH-Rdsch. **1962** 77; *Würdinger* Die Einmann-Gesellschaft, in: Deutsche Landesreferate zum VII. Internationalen Kongreß für Rechtsvergleichung in Uppsala 1966 (1967) S. 340ff.; vgl. außerdem die Schrifttumsnachweise vor Rdn. 37.

I. Zulässigkeit der Einmanngesellschaft

Die GmbH bleibt als selbständiges Rechtssubjekt erhalten, wenn sich alle Mitgliedschaftsrechte in einer Hand vereinigen. Dieser Satz ist Bestandteil des geltenden deutschen Gesellschaftsrechts; er entspricht einer auch in vergleichbaren ausländischen Rechten zu beobachtenden Tendenz (vgl. unten Rdn. 68 ff), die mit der Inkorporation verbundene Haftungsbeschränkung stärker auf die eigenständige Organisation und Kapitalisierung eines Unternehmens als auf das Bestehen eines personalen Gesellschafterverbandes mit überindividueller Zwecksetzung zu gründen (vgl. *Arbeitskreis GmbH-Reform* S. 35ff.; *Stimpel* Richterliche Rechtsfortbildung im Personenhandelsgesellschaftsrecht, Juristische Studiengesellschaft Karlsruhe Heft 87 [1969] S. 15ff, 17). Die Einmanngesellschaft mit beschränkter Haftung kommt den legitimen Interessen des Unternehmers entgegen, Fortbestand und Leitungskontinuität des Unternehmens ohne Rücksicht auf seine Person zu sichern und kraft einer offenen — durch den Firmenzusatz gekennzeichneten — Trennung des Unternehmensvermögens vom Privatvermögen auch bei einem einzelkaufmännischen Unternehmen seinen Kapitaleinsatz zu begrenzen (vgl. *Arbeitskreis GmbH-Reform* aaO; *R. Fischer* Anm. zu LM Nr. 1 zu § 13 GmbHG; *O. Kuhn* S. 196f.; *Th. Raiser* Das Unternehmen als Organisation [1969] S. 48f.; *Wolany* GmbH-Rdsch. **1962** 77ff.; zu den Gründungsmotiven vgl. im einzelnen *Eckerle* S. 8ff.; *Reinhardt* Gesellschaftsrecht, S. 324f.; zur volkswirtschaftlichen und sozialen Rechtfertigung der Haftungsbegrenzung *E. Rehbinder* GmbH-Reform S. 127, 138ff.; *Wiethölter* GmbH & Co.KG, S. 37ff. Mit der offenen Anerkennung der Einmanngesellschaft wird ein Rückzug in Treuhandlösungen vermieden und insofern die für die Gesellschaftsgläubiger bedeutsame Transparenz der wirtschaftlichen Beherrschung gefördert. Im übrigen ist die Einmanngesellschaft ein heute kaum mehr entbehrliches Organisationselement für die Konzernbildung und für die wirtschaftliche Betätigung der öffentlichen Hand. 1

1. Richterliche Anerkennung

Die höchstrichterliche Rechtsprechung hat Einmanngesellschaften stets anerkannt. Ihr Ausgangspunkt war die romanistische Fiktionstheorie einerseits, das praktische Verkehrsbedürfnis andererseits (vgl. die Grundsatzentscheidung RGZ **23** 202 über die Vereinigung sämtlicher Kuxe einer bergrechtlichen Gewerkschaft in einer Hand). Diese Rechtsprechung wird nach Inkrafttreten des GmbHG für die Einmann-GmbH ausdrücklich bestätigt in RGZ **85** 380, 382f.; vgl. weiter RGZ **87** 18, 25; **92** 77, 84f.; **118** 113, 119; **129** 50, 53f.; BGHZ **21** 378, 383f.; **22** 226, 229f.; **33** 189, 191; BGH WM **1964** 70; BGHZ **45** 204, 207; **56** 97, 103; **61** 380, 383; BGH NJW **1974** 1371f. 2

2. Gesetzliche Regelungen mit Bezug auf die Einmann-GmbH

3 Der Gesetzgeber hat sich die richterrechtliche Anerkennung der Einmanngesellschaft in einer Reihe von Vorschriften auf unterschiedlichen Rechtsgebieten zu eigen gemacht, so daß ihre Zulässigkeit heute nicht nur gewohnheitsrechtlich feststeht, sondern auch aus dem Gesetz erschlossen werden kann.

a) Unternehmensrecht

4 Aus dem Unternehmensrecht sind zu nennen § 319 AktG (Eingliederung einer Konzern-AG); § 76 Abs. 6 BetrVerfG 1952 (Einmanngesellschaft als Familiengesellschaft); § 50 UmwG 1969 (Umwandlung eines einzelkaufmännischen Unternehmens in eine AG; vgl. dazu *Lehmann-Dietz* S. 32).

b) Steuerrecht

5 Steuerrechtlich findet die Einmann-GmbH Berücksichtigung in § 7 Abs. 1 Nr. 2 KVStG; § 1 Abs. 3 Nr. 1 GrEStG; § 3a Nr. 1 VStG; § 17 Abs. 6 UmwStG; § 16 Abs. 1 Nr. 1, 2. Hs. EStG.

c) Einmanngesellschaften der öffentlichen Hand

6 Anerkennung hat die Einmanngesellschaft auch in z. T. gesetzesförmigen Gründungen für Zwecke der öffentlichen Hand gefunden (vgl. hierzu näher *Böckstiegel* Der Staat als Vertragspartner ausländischer Privatunternehmen [1971] S. 31ff.; *ders.* Der Durchgriff auf den Staat [1972] S. 13ff. m. w. Nachw.; *Eckerle* S. 41ff.; *Emmerich* Das Wirtschaftsrecht der öffentlichen Unternehmen [1969] S. 184, 187f.; *Hämmerlein* Öffentliche Unternehmen in der Rechtsform der GmbH, GmbH-Rdsch. **1970** 273; *Scholz* § 15, 61).

3. Reform

7 Der Regierungsentwurf 1972 zum GmbH-Gesetz hält an der Zulässigkeit der Einmanngesellschaft fest und bestätigt im wesentlichen die geltende Rechtslage. Die Begründung zu § 2 RegE geht davon aus, daß weiterhin nur die sogenannte abgeleitete Gründung möglich sein soll, da für die Errichtung von Einzelunternehmen mit beschränkter Haftung eine ganz neue Rechtsform geschaffen werden müßte; dieses Unterfangen gehe über den Rahmen einer Reform des GmbH-Rechts hinaus. Jedoch soll in Ergänzung des Umwandlungsgesetzes die Möglichkeit begründet werden, ein bestehendes einzelkaufmännisches Unternehmen in eine GmbH umzuwandeln (§ 31 RegE eines EG zum GmbHG). Demgegenüber hat der *Arbeitskreis GmbH-Reform* S. 37, 39 angeregt, die originäre Einmanngründung zuzulassen und diese Gründung durch die Verpflichtung zur Volleinzahlung des Kapitals zu sichern (vgl. auch unten Rdn. 24). Das Bundesjustizministerium hat inzwischen einen entsprechenden Änderungsvorschlag zur Erörterung gestellt (vgl. § 2, 3). § 256 I RegE sieht vor, daß eine inländische Hauptgesellschaft als Alleingesellschafterin einer anderen GmbH deren Eingliederung beschließen kann. Gemäß § 62 Abs. 5 Satz 3 RegE soll § 181 BGB für den Alleingesellschafter-Geschäftsführer nicht anwendbar sein; dagegen wird für seine Rechtsgeschäfte mit der Gesellschaft die Schriftform ausdrücklich vorgeschrieben.

4. Die Zulässigkeitsdiskussion im Schrifttum

8 Auch das Schrifttum bestreitet heute die Zulässigkeit der Einmann-GmbH nicht mehr (vgl. *Baumbach-Hueck* Anhang § 34, 1 und 2; *Lehmann-Dietz* S. 31ff.; *Reinhardt*

Gesellschaftsrecht, S. 324ff.; *Scholz* § 15, 61; *Scholz-Fischer* § 15, 7; *Sudhoff* S. 59f.; *Wilke-Berg-Gottschling-Gaul* Rdn. 687; zur Einmann-AG vgl. *Kraft* KölnKomAktG § 1, 38ff.). Die Zulässigkeitsdiskussion ist aber insofern noch aktuell, als die in ihr vorgetragenen Argumente auch für die rechtliche Behandlung der als zulässig anerkannten Einmanngesellschaft von Bedeutung sind. Das gilt vor allem im Hinblick auf das sogenannte Durchgriffsproblem. Die in dieser Hinsicht wichtigsten Einwände gegen die Einmanngesellschaft lassen sich unter drei Stichworten zusammenfassen: Sie sei mit dem Wesen der juristischen Person nicht vereinbar, sie verletze den Grundsatz des Gleichlaufs von Herrschaft und Haftung, und sie verstoße gegen die Strukturprinzipien des gesetzlichen Typus der GmbH.

a) Einmann-GmbH und Wesen der juristischen Person

Die traditionelle Diskussion hat die Frage nach der Zulässigkeit der Einmanngesellschaft zunächst als begriffliches Problem verstanden und unter Hinweis auf das 9
Wesen der juristischen Person zu beantworten versucht. Dabei zeigen sich zwei Ausgangspunkte: War man — in germanistischer Tradition (Genossenschaftstheorie) — der Ansicht, allein eine Personenmehrheit könne sich im Verband inkorporieren und damit rechtlich verselbständigen, so mußte man einer Einzelperson das Recht, mit einer selbständigen Rechtsperson im Geschäftsverkehr aufzutreten, absprechen (vgl. *Otto von Gierke* Die Genossenschaftstheorie und die deutsche Rechtsprechung [1887] S. 833ff.; *ders.* Deutsches Privatrecht I [1895] S. 558; mit gewissen Einschränkungen auch *Feine* S. 435ff.; *Wieland* I S. 510ff.; II S. 385ff.; w. Nachw. bei *Brodmann* § 2, 8a; *Fauser* S. 25ff.; *Schilling* Voraufl. 1). Soweit man dagegen — in romanistischer Tradition (Fiktionstheorie) — der Ansicht zuneigte, die juristische Person sei eine normative Zweckkonstruktion, konnte man der Möglichkeit einer von einem einzelnen betriebenen Gesellschaft grundsätzlich positiv gegenüberstehen. Die von diesen gegensätzlichen Ausgangspunkten (dazu allgemein *Joerges* Handlexikon zur Rechtswissenschaft, hrsg. von Görlitz [1972] S. 222ff.; *Kronstein* Das Recht der internationalen Kartelle [1967] S. 483ff.; *Staudinger-Coing* Einl. vor § 21, 2a—2c; *Wieacker* S. 339, 358ff.) geführte Diskussion, ob die Einmanngesellschaft mit dem Wesen der juristischen Person vereinbar sei, mündete zuletzt in den von *Schilling* (Voraufl. 1 und JZ **1953** 161ff.; vgl. aber jetzt *ders.* Festgabe Kunze, S. 189ff.) vertretenen Vermittlungsversuch, die Einmanngesellschaft habe zwar keine eigene Rechtspersönlichkeit, doch sei das Gesellschaftsvermögen als gebundenes Sondergut des Alleingesellschafters anzusehen, dessen Verwaltung den Regeln des GmbH- (oder Aktien-) Rechts folge; ähnlich auch der für das schweizerische Recht bedeutsame Lösungsversuch von *Schönle* S. 66f. Diese **Sondervermögenstheorie** bringt einerseits richtig zum Ausdruck, daß die Einmannkörperschaft als Personifikation ohne körperschaftliches Substrat und ohne überindividuelle Zweckwidmung eine Art wirtschaftlicher Eigenstiftung darstellt (so *Wieacker* S. 379), die für eine auf vorpositiven Strukturelementen aufbauende Theorie der körperschaftlichen Person ein Fremdkörper bleibt; *Wieacker* aaO spricht von einem extremen Grenzfall. Wenn die Sondervermögenstheorie andererseits in den Rechtsfolgen uneingeschränkt das Modell der inkorporierten selbständigen Unternehmenseinheit zugrunde legt und darauf verzichtet, der defizienten Verbandsrealität als solcher anwendungspraktische Bedeutung zuzumessen, so liegt auch dem eine richtige Einsicht zugrunde, nämlich daß über eine Sonderbehandlung der Einmann-GmbH jeweils nur im Hinblick auf bestimmte Normen und Normzwecke entschieden werden kann (vgl. unten Rdn. 12f., 41). Freilich macht diese Einsicht die Sondervermögenstheorie *Schillings* zu einem dogmatisch folgenlosen und damit überflüssigen Konzept (vgl. *Fauser* S. 20f.; *R. Fischer*

JZ **1956** 362; *O. Kuhn* S. 60ff., 66; *Kraft* KölnKomAktG § 1, 41). Zur historischen Entwicklung der einzelnen Ansätze insgesamt: *Schanze* (1975).

b) Gleichlauf von Herrschaft und Haftung

10 Gegen die Zulässigkeit der Haftungsbeschränkung in Form der Einmann-GmbH ist — insbesondere von Anhängern der ordoliberalen Wirtschaftstheorie — das Argument vorgetragen worden, sie verletze den Grundsatz des Gleichlaufs von Herrschaft und Haftung. Wer eine Gesellschaft allein beherrsche, müsse dafür auch mit der persönlichen unmittelbaren Haftung einstehen (vgl. *Großmann-Doerth* Berichte über die Sitzungen des Ausschusses für GmbH-Recht der Akademie für Deutsches Recht I [1937] S. 9; *ders.* DR **1939** 9; *Hallstein* Berichte aaO VII [1938] S. 27; *Müller-Erzbach* Das private Recht der Mitgliedschaft als Prüfstein eines kausalen Rechtsdenkens [1948] S. 114f., 368ff.; im Ausgangspunkt auch: *C. E. Fischer* Die GmbH [1948] S. 98 und *Reinhardt* Identitätsproblem, S. 576, 589f.; zur Funktion der Haftung aus ordoliberaler Sicht vgl. allgemein *Eucken* Grundzüge der Wirtschaftspolitik, 4. Aufl. [1968] S. 280ff.; *Immenga* S. 118ff.). Heute ist anerkannt, daß der Gleichlauf von Herrschaft und Haftung zwar ein grundsätzlich sinnvolles Postulat, aber keineswegs eine unmittelbar anwendbare Norm darstellt und daher das für das Körperschaftsrecht maßgebliche Gestaltungsprinzip, demzufolge statt individueller Zurechnung eine Zurechnung auf das verselbständigte Unternehmensvermögen erfolgt, auch für die Einmanngesellschaft nicht außer Kraft setzen kann (vgl. *Ballerstedt* GmbH-Rdsch. **1967** 66, 69ff.; *Helm* Theorie und Sachanalyse im Recht atypischer Gesellschaften, ZGR 2 **1973** 478, 481ff.; *Limbach* Theorie und Wirklichkeit der GmbH [1966] S. 107ff. m. w. Nachw.; *Mertens* GmbH-Rdsch. **1967** 45, 47; *Schilling* Festgabe Kunze S. 198ff.; *Schultze- v. Lasaulx* ZfGenossenschaftsR 21 **1971** 325; *Wiedemann* Haftungsbeschränkung und Kapitaleinsatz in der GmbH, in: *Wiedemann-Bär-Dabin* Die Haftung des Gesellschafters in der GmbH [1968] S. 5ff., 49ff.; *Wiethölter* GmbH & Co., S. 36ff.).

c) Einmann-GmbH und gesetzlicher Typus der GmbH

11 Vor allem *Würdinger* (Die Einmann-GmbH S. 340ff., 345f.; ähnlich früher bereits *Hallstein* Berichte über die Sitzungen des Ausschusses für GmbH-Recht der Akademie für Deutsches Recht VII [1938] S. 26f.; vgl. dort auch den Beitrag von *Würdinger* S. 37ff.) hat gegen die Einmann-GmbH eingewandt, sie verletze die Strukturprinzipien des gesetzlichen Typus der GmbH. Dabei geht er von einem Vergleich mit der Einmann-AG aus. Bei dieser lasse sich die beschränkte Haftung der kapitalaufbringenden Mitglieder durch deren geringe Einflußmöglichkeit rechtfertigen; dagegen bestehe die Haftungsbeschränkung bei der GmbH, obgleich die Gesellschafter die Geschäftsführung beherrschen könnten. Damit sei hier die Beschränkung der Haftung zum Selbstzweck geworden. Die Funktion der negoziablen Aktie sei selbst dann noch gewahrt, wenn sich alle Aktien in einer Hand befinden, nicht aber die der — personalistisch ausgestalteten — Mitgliedschaftsrechte an der GmbH. Wegen dieses Mangels in ihren rechtssystematischen Grundlagen müsse die Einmann-GmbH notwendig zu vielen Durchbrechungen und Korrekturen in den rechtlichen Konsequenzen führen (S. 350). Daß die Einmann-GmbH bei institutioneller Betrachtungsweise nicht sinnvoll eingeordnet werden könne, meinen auch *Teichmann* S. 141f. und *H. P. Westermann* Strukturprobleme des Gesellschaftsrechts in rechtsvergleichender Sicht, ZvglRW 73 **1973** 176ff., 207ff. Demgegenüber sehen andere Autoren, die eine institutionelle Betrachtungsweise im Gesellschaftsrecht grundsätzlich be-

fürworten, wie *O. Kuhn* S. 59ff.; *Raiser* Verhandlungen des 39. DJT (1951) B 57f., 66f., in der Einmanngesellschaft keine Verletzung der Strukturprinzipien des Typus GmbH. Nach *Wieacker* S. 379 war die Ausbildung der Einmann-GmbH „von jeher in der überaus schwachen Körperschaftlichkeit der GmbH selbst angelegt". Zum typologischen Denken im Gesellschaftsrecht (Nachw. bei *H. P. Westermann* aaO 186ff.) vgl. die Kritik bei *Mertens* NJW **1966** 1049ff.; *W. Ott* Die Problematik einer Typologie im Gesellschaftsrecht (1972), insbesondere S. 80ff.; *Sack* Typusabweichung und Institutsmißbrauch im Gesellschaftsrecht, DB **1974** 369; allgemeiner *Esser* Vorverständnis und Methodenwahl in der Rechtsfindung (1970) S. 128. Der Mißbrauchsverdacht, den die Literatur vor allem im Hinblick auf die von einer natürlichen Person beherrschte Gesellschaft aus dem typologischen Ausnahmecharakter der Einmanngesellschaft abgeleitet hat (vgl. etwa *Bühler* Steuerrecht der Gesellschaften und Konzerne, 3. Aufl. [1956] S. 171; *Meyer-Landrut*, GroßkomAktG § 1, 30; bereits früher *v. Knieriem* Berichte über die Sitzungen des Ausschusses für GmbH-Recht der Akademie für Deutsches Recht VII [1938] S. 19) ist trotz der verhältnismäßig hohen Quote der registrierten Einmanngesellschaften mbH (etwa ein Viertel der registrierten Gesellschaften; vgl. Begr. RegE 1972 S. 2; *Geßler* GmbH-Rdsch. **1966** 182; *Schönle* S. 23; *Winter* GmbH-Rdsch. **1969** 145) bisher rechtstatsächlich nicht bestätigt. Eine generelle Diskreditierung der Einmann-GmbH aus institutionellen Erwägungen kann daher nicht in Betracht kommen.

II. Die Einmann-GmbH als Normanwendungsproblem

Können sich weder das Wesensargument noch das Argument des Gleichlaufs **12** von Herrschaft und Haftung oder der Hinweis auf den typologischen Ausnahmecharakter der Einmann-GmbH dagegen durchsetzen, daß das positive Recht ihre Existenzberechtigung bejaht, so ist den spezifischen Gefahren der von einer natürlichen oder juristischen Person beherrschten GmbH — im ersten Fall: Unterkapitalisierung; unscharfe Trennung von Unternehmens- und Privatvermögen; im zweiten Fall außerdem: Umgehung unternehmensrechtlicher und anderer Normen und ungerechtfertigte Verlagerung wirtschaftlicher Risiken durch die Ausgründung besonders riskanter Unternehmenszweige — nicht durch eine institutionelle Ächtung der als funktional sinnvoll anzuerkennenden Rechtsfigur der Einmanngesellschaft oder durch eine generelle Restriktion ihrer Verwendbarkeit zu begegnen, sondern durch ein **variables Normanwendungskonzept,** das die Gefahr unzulässiger rechtlicher Generalisierung vermeidet. In diesem Sinne vor allem *Müller-Freienfels* AcP 156 **1957** 522ff., 536:„. . . es gibt keine allgemeinen Rechtssätze, die Einmanngesellschaft und ihre Gesellschafter oder die beherrschende und die beherrschte Gesellschaft seien als Rechtseinheiten zu behandeln. Für jeden Einzelfall sind vielmehr die problemtreffenden Einzelfragen zu entwickeln. . . Denn es geht ja immer um die Frage, ob und inwieweit eine bestimmte Norm in einem konkreten Fall auf diese oder jene juristische Person ihrem Sinn und Zweck nach im Zuge richtiger Gestaltung der sozialen Ordnung anwendbar ist. Auch dann, wenn man die für den konkreten Fall charakteristischen Einzelheiten herausgearbeitet hat, darf man sich nicht zu verallgemeinernden Antworten verleiten lassen".

Dies bedeutet, daß die pathologischen Fälle, die im Zusammenhang mit der **13** Einmann-GmbH auftreten, **nicht** im Wege eines selbständigen verallgemeinernden Haftungstatbestandes etwa der Gesetzesumgehung oder des Durchgriffs mit subjektivem oder objektivem Gepräge (vgl. auch den früher diskutierten Vorschlag, eine **Generalklausel für Mißbrauchsfälle** zu schaffen: Berichte über die Sitzungen des Ausschusses für GmbH-Recht der Akademie für Deutsches Recht VII [1938] S. 31 ff.) zu lösen sind. Vielmehr ist zu überprüfen, inwieweit bestimmte gesellschaftsrechtliche Gestaltungen und Handlungsweisen dem Gebots- oder Verbotszweck bestimmter Normen oder Normkomplexe widersprechen (vgl. dazu *Caflisch* S. 7; *Mertens* GmbH-Rdsch. **1967** 45, 49 m. w. Nachw.; *Schanze* [1975]; *Soergel-Schultze-v. Lasaulx* Vor § 21, 41; *Wiethölter* ZHR 125 **1963** 325; *Woernle* S. 27; ähnlich, aber von einer institutionellen Betrachtungsweise ausgehend, *O. Kuhn* S. 204 ff.). Dabei entscheidet jedenfalls nicht allein die formale Frage nach der Anzahl der Gesellschafter (zum Durchgriffsproblem unten Rdn. 37 ff.).

III. Terminologie

14 *Schilling* (Voraufl. 2) geht von einem einheitlichen Rechtsbegriff der Einmanngesellschaft aus, der sich formal an das Kriterium der Gesellschaftereinzahl hält. Eine Einmanngesellschaft ist demnach auch gegeben, wenn die Gesellschaft selbst neben dem einzigen Gesellschafter noch einen Geschäftsanteil hält; nicht dagegen, wenn ein Gesellschafter den Nießbrauch am Geschäftsanteil eines anderen innehat oder wenn eine Personenmehrheit (Gesellschaft des BGB, Erbengemeinschaft) alle Geschäftsanteile gemeinschaftlich besitzt. Hält dagegen eine OHG oder KG alle Geschäftsanteile an einer GmbH, so ist diese im Hinblick auf § 124 HGB als Einmanngesellschaft anzusehen (zur Einheitsgesellschaft vgl. unten Rdn. 16 ff.). *Schilling* wendet sich aaO ausdrücklich gegen den Begriff der sogenannten Quasi-Einmanngesellschaft (dazu *Reinhardt* Gesellschaftsrecht, S. 324) und bezeichnet ihn als rechtlich nicht faßbar; nur für die im Steuerrecht herrschende wirtschaftliche Betrachtungsweise könne er von Bedeutung sein (Voraufl. 9). Doch ist auch diese eine rechtliche Betrachtungsweise, die sich bei der Einmanngesellschaft materiell an der Einheitlichkeit der Beherrschung des Unternehmens orientiert. *Schilling* ist aber zuzugeben, daß der nach einzelnen Normzwecken nicht differenzierte Pauschalbegriff einer Quasi-Einmanngesellschaft als solcher rechtlich unbrauchbar ist. Die **formale Charakterisierung der Einmanngesellschaft durch die Mitgliedereinzahl** trifft demgegenüber in der für die Begriffsbildung maßgeblichen organisationsrechtlichen Sicht das Richtige, weil insoweit das Fehlen der mitgliedschaftlichen Beziehungen den entscheidenden Unterschied zur Mehrmanngesellschaft markiert. Nach außen erscheint die Einmanngesellschaft wie jede GmbH als selbständiges Rechtssubjekt. Die sogenannte Durchgriffsproblematik ist nicht auf die Einmanngesellschaft im formalen Sinn einschränkbar, Daher ist unter diesem Aspekt eine terminologisch exakte Festlegung nicht geboten und auch Raum für die wirtschaftliche Betrachtungsweise des Steuerrechts gegeben.

IV. Verwendbarkeit der Einmann-GmbH für den Konzernaufbau und die Bildung gesellschaftsrechtlicher Mischformen

1. Grundsatz

15 Unter den in Rdn. 9—11 entwickelten methodischen Gesichtspunkten gibt es für die Verwendung der Einmanngesellschaft als Instrument im Konzernaufbau und bei der Bildung von gesellschaftsrechtlichen Mischformen keine grundsätzlichen institutionellen Grenzen. Zum GmbH-Konzern siehe allgemein Anhang II zu § 13; zur GmbH als Konzern-, Kartell- und Geschäftsführungsinstrument vgl. Allg. Einl. 17 ff., 46.

2. Zulässigkeit der Einheitsgesellschaft

Eine GmbH, deren Alleingesellschafter eine Kommanditgesellschaft ist, kann zugleich (persönlich haftender) Gesellschafter dieser Kommanditgesellschaft sein (vgl. *Baltzer* Der Erwerb der Anteile an der Komplementär-GmbH durch die GmbH & Co. KG, GmbH-Rdsch. **1974** 79ff., 97ff.; *Baumbach-Duden* 21. Aufl. [1974] § 161, 2; *Durchlaub* Die wechselseitige Beteiligung zwischen einer GmbH und einer Kommanditgesellschaft in der GmbH & Co. KG, DB **1974** 2337; *Fetsch* Gestaltungsprobleme der GmbH & Co., Synchronisierung der Beteiligungen — Unterkapitalisierung, Sonderheft der DNotZ **1969** 111ff.; *Hesselmann* Handbuch der GmbH & Co. 14. Aufl. [1973] S. 12, 109; *Hunscha* [1974]; *Ippen* [1967]; *Mertens* NJW **1966** 1049ff.; *Schilling* Festschrift Barz S. 67ff.; *Simon* Kann die GmbH & Co. KG Inhaberin der Geschäftsanteile ihrer persönlich haftenden Gesellschafter sein? DB **1963** 1209f.; *Sudhoff* Der Gesellschaftsvertrag der GmbH & Co., 2. Aufl. [1971] S. 46ff.; vgl. auch Allg. Einl. 39; zweifelnd *Eltermann* Der verdeckte Kapitalentzug in der GmbH & Co. KG, Diss. Köln [1972] S. 159ff.; *ders.* GmbH-Rdsch. **1973** 207ff.; **a. A.** *Gonella* Kann die GmbH & Co. KG Inhaberin sämtlicher Geschäftsanteile ihrer allein persönlich haftenden GmbH-Komplementärin sein? DB 1965 1165f.; *U. Huber* Vermögensanteil, Kapitalanteil und Gesellschaftsanteil an Personalgesellschaften des Handelsrechts [1970] S. 133ff.; *K. Winkler* Die Haftungsverfassung der GmbH & Co. KG, NJW **1969** 1009ff.). Die wechselseitige Verbindung von GmbH und Kommanditgesellschaft zu einer Einheitsgesellschaft ist unter dem Gesichtspunkt der Bildung des Gesellschaftswillens und des Gläubigerschutzes nicht unproblematisch. Doch vermag diese Gesellschaftsform eine wichtige Funktion zu erfüllen, weil sie den Gleichlauf der Beteiligungen an GmbH und Kommanditgesellschaft sichert und vereinfacht und damit die konsequenteste Weiterentwicklung der GmbH & Co. KG zu einer Personengesellschaft mit beschränkter persönlicher Haftung aller Gesellschafter darstellt. Daß die Rechtsform einer Personengesellschaft mit beschränkter Haftung, Drittorganschaft und einer gewissen Kapitalflexibilität einem legitimen wirtschaftlichen und steuerlichen Interesse des Unternehmers entspricht, läßt sich nicht leugnen. Wünschenswert wäre es, daß der Gesetzgeber diesem Interesse durch die Schaffung einer entsprechenden Gesellschaftsform — etwa in Gestalt der vom *Arbeitskreis GmbH-Reform* entworfenen Handelsgesellschaft auf Einlagen (vgl. *Arbeitskreis GmbH-Reform* Bd. 1 Thesen und Vorschläge zur GmbH-Reform [1971] und dazu *Barz* NJW **1972** 465; *Immenga* ZHR 136 **1972** 450; *Schilling* BB **1972** 1; *ders.* Festschrift Barz, S. 67; *H. P. Westermann* ZRP **1972** 93) — nachkommen und die GmbH & Co. auf diese Weise überflüssig machen würde. Bis dahin verdient die Einheitsgesellschaft als zweckentsprechende Ersatzkonstruktion Anerkennung; die ihr anhaftenden Probleme der Bildung des Gesellschaftswillens, der realen Aufbringung des GmbH-Kapitals und des Kommanditkapitals sowie der Erhaltung des Haftkapitals erscheinen lösbar. **16**

a) Willensbildung in der Einheitsgesellschaft

Da die GmbH bei sich selbst keine Gesellschafterrechte ausüben kann (*Hunscha* S. 29; *Schilling* Festschrift Barz, S. 70f.; **a. A.** *Durchlaub* 2338f.) muß die **Bildung des Willens der GmbH** durch die Kommanditisten geschehen. Jedoch hat der Kommanditist nach § 170 HGB keine organschaftliche Vertretungsbefugnis für die KG. Die h. M. hält § 170 HGB für zwingend, weil sie davon ausgeht, daß die Drittorganschaft bei Personengesellschaften nicht zulässig ist (*Schilling* GroßkomHGB § 170, 8; *Fischer* GroßkomHGB § 125, 4; **a. A.** *H. P. Westermann* Vertragsfreiheit **17** und Typengesetzlichkeit im Recht der Personengesellschaften, S. 257ff., 328ff. m. umfangr. Nachw.; *Oldenburg* Fremdgeschäftsführung und -vertretung in den Personengesellschaften, Diss. Tübingen [1973]). § 170 HGB wäre allerdings dann nicht anwendbar, wenn man die Ausübung der Gesellschafterrechte bei der GmbH als innere Angelegenheit der Gesellschafter der KG ansehen würde; denn die Ordnung der Beziehungen der Gesellschafter untereinander ist Sache aller Gesellschafter; es wären hierfür also die Kommanditisten ohne Rücksicht auf die Frage ihrer Vertretungsbefugnis zuständig. Gegen diese von *Schilling* Festschrift Barz, S. 72 erwogene Lösung spricht, daß sie — über eine Verklammerung von GmbH und Kommanditgesellschaft hinausgehend — die juristische Trennung zwischen beiden Gesellschaften aufhebt. Die Gesellschafterversammlungen von Kommanditgesellschaft und GmbH lassen sich nicht zu einem rechtlich einheitlichen innergesellschaftlichen Gremium zusammenlegen (*Hunscha* S. 36); die Organisationsregeln beider Gesellschaftsformen sind zu respektieren. Selbst wenn man aber den zwingenden Charakter des § 170 HGB bejaht und das Handeln der in der Gesellschafterversammlung der Komplementär-GmbH für die Kommanditgesellschaft auftretenden Kommanditisten als Vertretung ansieht, so geht der Anwendung des § 170 HGB die im Recht der OHG ausgeprägte Regel vor, daß für den Fall des Wegfalls oder der Verhinderung des einzigen vertretungsbefugten Gesellschafters alle anderen Gesellschafter als Gesamtvertretungsberechtigte an dessen Stelle treten (BGHZ **33** 108; *Fischer* GroßkomHGB § 125, 5; *Hueck* Das Recht der offenen Handelsgesellschaft 4. Aufl. [1971] S. 289). Zwar ist diese Regel in der normalen Kommanditgesellschaft insoweit nicht anwendbar, als der Wegfall des einziges Komplementärs zur Auflösung führt; denn ohne Komplementär kann die Kommanditgesellschaft nicht existieren. Doch ist der Fall, daß der Komplementär von bestimmten Vertretungshandlungen ausgeschlossen ist und in dieser Hinsicht auch nicht von sich aus durch Vollmachterteilung für eine Vertretung der Gesellschaft sorgen kann, kein ausreichender Grund, die Gesellschaft aufzulösen. Daher ist insoweit Raum für die Parallele zum Recht der OHG (so auch *Schilling* Festschrift Barz, S. 72). Diese Lösung ist um so weniger bedenklich, als bei der Einheitsgesellschaft das wirtschaftliche Risiko allein bei den Kommanditisten liegt. Der Gesichtspunkt, daß diese nicht durch Vertretungsakte das Risiko des persönlich haftenden Gesellschafters vergrößern dürfen, spielt hier somit keine Rolle. Insofern ist § 170 HGB bei der Einheitsgesellschaft funktionslos (*Hunscha* S. 41).

Zweckmäßigerweise wird den Kommanditisten die Vertretungsmacht auch rechtsgeschäftlich durch den Gesellschaftsvertrag der Kommanditgesellschaft eingeräumt. Dies ist durch § 170 HGB grundsätzlich nicht ausgeschlossen (*Hunscha* S. 38f. m. w. Nachw.).

18 Eine Beteiligung der GmbH an der **Willensbildung der KG** ist zwar möglich; zweckmäßigerweise wird ihr jedoch im Gesellschaftsvertrag der Kommanditgesellschaft das Stimmrecht versagt werden; es sei denn die Mitwirkung des Geschäftsführers der GmbH ist den Kommanditisten — zum Zwecke etwa der Überwindung von Pattsituationen zwischen zwei Familienstämmen — erwünscht.

b) Gläubigerschutz durch Aufbringung und Erhaltung von GmbH- und Kommanditkapital

19 Die Gläubiger der Kommanditgesellschaft, denen die GmbH nach § 128 HGB unbeschränkt haftet, haben Anspruch auf Aufbringung und Erhaltung sowohl des GmbH- als auch des Kommanditkapitals. Das eine kann nicht mit dem anderen belegt werden (*Schilling* Festschrift Barz, S. 74). Beide Haftungsmassen, die das Haftkapital der Einheitsgesellschaft bilden, müssen unvermischt nebeneinander bestehen, zumal die Gläubiger der GmbH und der Kommanditgesellschaft verschieden sein können (*Mertens* NJW **1966** 1054; *Schilling* Festschrift Barz, S. 74ff. und — mit ausführlicher Darstellung der Konsequenzen — *Hunscha* S. 48ff.). Der für die GmbH & Co. im allgemeinen entwickelte Gedanke, daß die Kombination von GmbH und Kommanditgesellschaft von der Beachtung weder des § 172 Abs. 4 HGB noch des § 30 entbindet (*R. Fischer* Anm. zu LM § 172 Nr. 5 HGB = BGHZ **47** 149; *Schilling* aaO S. 78; vgl. auch BGH NJW **1973** 1036 = GmbH-Rdsch. **1973** 163; dazu *Hunscha* Die Anwendung der §§ 30 Abs. 1, 31 GmbHG auf Zahlungen der GmbH & Co. KG an ihre Kommanditisten, GmbH-Rdsch. **1973** 257ff.; *K. Schmidt* Kapitalaufbringung, Kapitalerhaltung und Unterkapitalisierung bei der GmbH & Co. DB **1973** 2227ff.) und daß somit beide Gesellschaften im Hinblick auf den Grundsatz der Erhaltung des Stammkapitals als Einheit zu behandeln sind (*G. Kuhn* Haftungsprobleme bei der GmbH & Co., Ehrengabe Heusinger [1968] S. 203, 215; zu den konkursrechtlichen Konsequenzen dieses Gedankens *ders.* Konkursrechtliche Probleme bei der GmbH & Co. KG, Festschrift Schilling [1973] S. 69ff.) gilt für die Einheitsgesellschaft in besonderem Maße. Im einzelnen ergeben sich daraus die im folgenden dargelegten Konsequenzen für die Beteiligung der Kommanditgesellschaft an der GmbH (Rdn. 20) und für eine Beteiligung der GmbH an der Kommanditgesellschaft (Rdn. 21).

Der **Erwerb der Geschäftsanteile** an der GmbH oder die **Einzahlung von** **20**
Stammeinlagen durch die Kommanditgesellschaft ist **als Rückzahlung der Kommanditeinlage** an die Kommanditisten zu betrachten, soweit er nicht aus freiem Vermögen der Kommanditgesellschaft erfolgt, also aus Vermögen, das die Summe der Hafteinlagen der Kommanditisten übersteigt. Es gilt § 172 Abs. 4 HGB (*Schilling* Festschrift Barz, S. 75). Insofern entspricht das geltende Recht bereits § 172 Abs. 6 HGB in der Fassung des § 26 Nr. 3 RegE zum EG GmbHG: „Gegenüber den Gläubigern einer Gesellschaft, deren persönlich haftende Gesellschafter nur eine oder mehrere Kapitalgesellschaften sind, gilt die Einlage eines Kommanditisten als nicht geleistet, soweit sie in Anteilen an der Kapitalgesellschaft bewirkt ist". Vgl. hierzu im einzelnen *Hunscha* S. 48ff., 60ff., 105, der in der Zahlung eines Kaufpreises an die Kommanditisten zugleich eine analog § 30 Abs. 1 verbotene Rückzahlung der Stammeinlage der GmbH sieht, wenn dadurch das zur Deckung des Stammkapitals der GmbH erforderliche Vermögen angetastet wird (S. 80ff., 105). *Hunscha* weist weiter mit Recht darauf hin, daß die Kaufpreiszahlung der GmbH & Co. KG eine Verminderung des Bilanzwertes der Kommanditbeteiligung der GmbH durch Abschreibungen oder seine Korrektur durch entsprechende Wertberichtigungen bewirken und dazu führen kann, daß die GmbH genötigt ist, Rückstellungen zur Abdeckung des gestiegenen Risikos der Inanspruchnahme aus ihrer Komplementärhaftung zu machen. Diese Gesichtspunkte sind bei der Frage, ob ihr Stammkapital ausreichend belegt ist, zu berücksichtigen (vgl. auch *Baltzer* GmbH-Rdsch. **1974** 101).

Der **Erwerb eines teileingezahlten Geschäftsanteils** der GmbH durch die Kommanditgesellschaft ist nur mit der Maßgabe zulässig, daß die Kommanditisten der GmbH persönlich und gesamtschuldnerisch haften, wenn Resteinzahlung gefordert wird und die Kommanditgesellschaft sie nicht aus freiem Vermögen erbringen kann (*Schilling* Festschrift Barz, S. 75f.). Nimmt man diese Rechtsfolge an, so erübrigt sich insoweit die analoge Anwendung von § 33 Abs. 1 GmbHG (zu dieser vgl. die Nachw. bei *Schilling* aaO sowie ausführlich *Hunscha* S. 100ff.).

Eine **Beteiligung der GmbH an der Kommanditgesellschaft** auf Kosten des **21**
zur Deckung ihres Stammkapitals gemäß § 30 erforderlichen Vermögens ist unzu-

lässig (*Baltzer* aaO 101; *Mertens* aaO 1054; *Schilling* Festschrift Barz, S. 76). Die GmbH darf eine Einlage nur aus freiem Vermögen erbringen. Bei Verstoß gegen diese Regel haften nach § 31 nicht nur die Kommanditgesellschaft, sondern auch die Kommanditisten, und zwar persönlich und gesamtschuldnerisch — nicht beschränkt auf ihre Hafteinlage (so aber *Eltermann* GmbH-Rdsch. **1973** 207; wie hier *Schilling* aaO, dem auch darin zu folgen ist, daß Zahlungen der GmbH an die Kommanditisten ebenfalls nach §§ 30, 31 zu behandeln sind; diese dürfen insoweit nicht besser gestellt werden, als wenn sie unmittelbar Gesellschafter der GmbH wären (*Schilling* aaO S. 77).

V. Organisationsrecht

1. Entstehung der Einmann-GmbH

Schrifttum. Vgl. § 2, vor Rdn. 49.

22 Nach der ganz h. M. (vgl. unten Rdn. 24) kann die Einmann-GmbH — außer in dem Fall, daß bei der Gründung von allen Beitrittserklärungen nur eine wirksam ist (vgl. § 2, 80) — nur durch Ableitung von einer GmbH mit Mitgliedermehrzahl zustande kommen. Sie entsteht dadurch, daß infolge Vererbung, Abtretung (§ 15), Kaduzierung (§ 21), Amortisation (§ 34), Austritt oder klagweiser Ausschließung des letzten Mitgesellschafters aus wichtigem Grund nur ein Gesellschafter übrig bleibt.

a) Entstehung von Todes wegen

23 Bei der Entstehung der Einmanngesellschaft von Todes wegen ist der Zeitpunkt des Anfalls der Erbschaft, also der Todeszeitpunkt des Erblassers maßgeblich. Auch der Vorerbe ist Gesellschafter; das Anwartschaftsrecht des Nacherben verhindert die Einmanngesellschaft in der Person des Vorerben nicht. Über die Einsetzung einer Stiftung als Erbin vgl. *Pfleger* S. 44ff.; zur Einmann-GmbH als Erbin des Alleingesellschafters siehe unten Rdn. 30.

b) Rechtsgeschäftliche Entstehung

24 Wegen des Erfordernisses eines Gesellschaftsvertrages (§ 2) müssen sich nach ganz h. M. mindestens zwei Personen an der Gründung einer GmbH beteiligen (vgl. § 2, 4ff., 9, 47; *Baumbach-Hueck* Anhang § 34, 1; *Scholz* § 15, 61; kritisch bereits zum jetzigen Rechtszustand *Konow* GmbH-Rdsch. **1967** 143ff.; *Mertens* GmbH-Rdsch. **1967** 45f.; rechtspolitisch befürworten die Einmanngründung *Arbeitskreis GmbH-Reform* 36ff.; *Fleddermann* GmbH-Rdsch. **1969** 97ff.; *P. Ulmer* Probleme der GmbH-Reform S. 55f.; *Wiethölter* Die GmbH S. 13f.; zur Reform vgl. oben Rdn. 7). Daher wird für die rechtsgeschäftliche Entstehung der Einmanngesellschaft die Abtretung eines Geschäftsanteils unter Beachtung der Formvorschrift des § 15 Abs. 3 und 4 vorausgesetzt (zur steuerrechtlichen Behandlung der Strohmanngründung vgl. unten Rdn. 65).

25 Die auf die Bildung einer Einmann-GmbH abzielende **Strohmanngründung** ist keine — nach § 117 BGB nichtige, wenn auch gegebenenfalls durch den Eintragungsakt nachträglich erfolgreiche (BGHZ **21** 378, 383; KG GmbH-Rdsch. **1968** 182 m. zust. Anm. *Pleyer* GmbH-Rdsch. **1969** 12f.) — Scheingründung (vgl. § 2, 49ff., 107); denn die auf Rechnung des Auftraggebers handelnde Mittelsperson will normalerweise genau wie dieser selbst den Rechtserfolg der Gründung ernstlich herbeiführen. Der Strohmann handelt zwar treuhänderisch, ist aber wahrer Gründer (so zur Aktiengesellschaft RGZ **28**, 75, 77; zur GmbH RG JW **1934**, 2969; KG JW **1934** 986; OLG Dresden JFG **6** 218; zuletzt eingehend BGH WM **1971** 306 = BB **1971** 368 m. w. Nachw.; vgl. auch § 2, 50; *O. Kuhn* S. 3ff.).

Die **Treuhandvereinbarung** zwischen Gesellschafter und Strohmann ist formfrei (BGHZ **19** 69f.; BGH WM **1971** 306); nur ist bei Übertragung der formellen Gesellschafterstellung an den Hintermann die Form des § 15 Abs. 3 zu wahren (RG JW **1931** 2967; BGH WM **1965** 472); zum Rechtsverhältnis von Strohmann und Auftraggeber im einzelnen § 2, 51ff.; *O. Kuhn* S. 73ff.; *Pleyer* GmbH-Rdsch. **1969** 12ff.). **26**

Erst mit der Eintragung der GmbH entstehen die **Geschäftsanteile.** Sie sind jedoch **im voraus** an den Auftraggeber **abtretbar** (BGHZ **21** 242, 245; 378, 383; KG GmbH-Rdsch. **1968** 182 und dazu *Pleyer* GmbH-Rdsch. **1969** 12, 13f.; *Scholz-Fischer* § 15, 2, 5; vgl. auch § 2, 50). **27**

c) Entstehung durch Umwandlung und Mantelkauf

Die Entstehung einer Einmann-GmbH durch Umwandlung einer Einzelfirma ist im Gegensatz zur Einmann-AG (vgl. oben Rdn. 4) nach den bisherigen Umwandlungsvorschriften nicht unmittelbar möglich (zur Reform vgl. oben Rdn. 7). Jedoch bietet die Übertragung des Unternehmens auf eine mit Hilfe einer Mittelsperson gegründete GmbH einen gangbaren Weg. Eine Einmanngesellschaft kann auch dadurch entstehen, daß jemand alle zu einem Firmenmantel gehörenden Geschäftsanteile kauft und das Unternehmen anschließend reaktiviert. Für die Grenzen der Zulässigkeit des Mantelkaufs (vgl. dazu § 3, 27ff.) gelten bei der Einmanngesellschaft keine besonderen Regeln. Zwar läuft die Verwertung des gekauften Mantels *wirtschaftlich* auf eine Neugründung hinaus; deshalb könnte man darin eine Umgehung des Erfordernisses mehrerer Gründer sehen. Da dieses Erfordernis aber eine rein *juristische Formalität* darstellt, kann es der Zulässigkeit einer Mantelverwertung nicht entgegengehalten werden. **28**

d) Entstehung durch Kaduzierung und Ausschließung

Ebenso gelten keine Besonderheiten bei der Entstehung der Einmanngesellschaft durch Kaduzierung (vgl. Erl. zu § 21) oder durch gerichtliche Ausschließung des Mitgesellschafters wegen eines wichtigen Grundes (vgl. Anh. zu § 34). **29**

2. Auflösung und Nichtigkeit der Gesellschaft

Für Auflösung und Beendigung sowie für die Nichtigkeit der Einmann-GmbH gelten grundsätzlich die §§ 60ff. Setzt der Alleingesellschafter die GmbH zur Erbin ein, so existiert die GmbH zunächst ohne Gesellschafter weiter (*Däubler* Die Vererbung des Geschäftsanteils bei der GmbH [1965] S. 128). Wer die Möglichkeit des zeitweiligen Bestehens einer **Keinmann-GmbH** entgegen der hier vertretenen und herrschenden Meinung ausschließt (vgl. im einzelnen Erl. zu § 33), müßte die letztwillige Verfügung als nichtig ansehen und könnte nur ihre Umdeutung versuchen. **30**

3. Internes Organisationsrecht

Das Organisationsrecht der GmbH ist auch bei der Einmanngesellschaft zu beachten, soweit nicht die Einzahl die Anwendung einzelner Normen gegenstandslos macht. **31**

a) Universalversammlung und Entschluß

32 Die Gesellschafterversammlung wird notwendig zur Universal- oder Vollversammlung (*Eckerle* S. 3; *Griebel* S. 8; *Lehmann-Dietz* S. 33). Ihre formale Einberufung nach §§ 49ff. entfällt (BGHZ **12** 337, 339; *Griebel* S. 9; *Reinhardt* Gesellschaftsrecht, S. 326). Den Beschluß des einzigen Gesellschafters bezeichnet man als **Entschluß** (BGHZ aaO). Unterliegt ein Gesellschafterbeschluß nach Gesetz oder Satzung einem **Formerfordernis** (wie z. B. die Satzungsänderung; § 53 Abs. 2), so ist diese Form auch für den Entschluß zu beachten (RGZ **160** 257). Sonst sind Entschlüsse formfrei (vgl. RGZ **138** 106, 113 für den Einforderungsbeschluß nach § 46 Nr. 2; BGH NJW **1968** 396f. für den Entschluß über die Entlastung eines Geschäftsführers nach § 46 Nr. 5; BGH WM **1968** 1329 für den Entschluß zur Geltendmachung eines Ersatzanspruchs nach § 46 Nr. 8). Jedoch darf die Formfreiheit nicht zur Beeinträchtigung schützenswerter Interessen Dritter führen. Diese brauchen sich einen nicht eindeutig dokumentierten Entschluß nicht entgegenhalten zu lassen (vgl. auch Rdn. 35). Umgekehrt kann sich der Alleingesellschafter von einem Kundgabeakt, auf den sich ein Dritter beruft, nicht mit der Behauptung distanzieren, es habe dem kein Entschluß zugrunde gelegen. Diese Regeln sind nicht nur als praktische Richtlinien verständiger richterlicher Beweiswürdigung aufzufassen (so *Plander* S. 71; *ders.* GmbH-Rdsch. **1971** 154), sondern ergeben sich aus dem Rechtsgedanken, daß ein durch die Mitgliedereinzahl bedingter Ausfall organisatorischer Garantien nicht zu Lasten Dritter gehen darf. *Scholz* § 15, 62 und *Scholz-Fischer* § 15, 7 fordern allgemein aus Beweisgründen Schriftlichkeit der Entschlüsse. Eine solch starre Regel erscheint jedoch nicht erforderlich und ist schon deshalb nicht angebracht, weil sie sich im Einzelfall auch zum Schaden eines Dritten auswirken könnte (vgl. auch *Plander* aaO).

33 Das **Stimmverbot des § 47 Abs. 4 Satz 2** ist für den Einmanngesellschafter gegenstandslos, da es sich auf die Interessenkollision bei einer Gesellschaftermehrzahl bezieht (vgl. Erl. zu § 47; *Reinhardt* Gesellschaftsrecht, S. 327; im Ergebnis für die Beschlußfassung über den Inhalt des Anstellungsvertrages auch BGHZ **18** 205, 210; **51** 209, 215).

b) Aufsichtsrat

34 Die allgemeinen Regeln über den Aufsichtsrat (vgl. Erl. zu § 52) gelten auch bei der Einmanngesellschaft. Der Alleingesellschafter kann nicht zugleich Geschäftsführer und Mitglied eines echten Aufsichtsrats sein (KG JFG **1** 237f.; vgl. auch BGH GmbH-Rdsch. **1956**, 156). Zum Fall des fakultativen Einmannaufsichtsrats vgl. *Eckerle* S. 91f.; *Ilgen* S. 52f.

c) Alleingesellschafter-Geschäftsführer

35 Der Einmanngesellschafter kann kraft Bestellung durch Satzung oder durch Entschluß Geschäftsführer der Gesellschaft sein. Die Selbstbestellung zum „Eigendirektor" (Begriff von *Fuchs* JR **1929** 60) verstößt nicht gegen § 181 BGB (st. Rspr.; vgl. RGZ **68** 172; BGHZ **33** 189, 191; *Reinhardt* Gesellschaftsrecht, S. 327 m. w. Nachw.). Auch nach seiner Bestellung unterliegt der geschäftsführende Alleingesellschafter **bei Geschäften mit sich selbst nicht** den Beschränkungen des **§ 181 BGB;** denn bei der Einmanngesellschaft kann eine Interessenkollision zwischen Vertreter und Vertretenem nicht auftreten; auch ist die Vorschrift nicht geeignet, der Gefahr eines Verschiebens von Vermögenswerten zwischen Gesellschafter und Gesellschaft wirksam zu begegnen (BGHZ **56** 97, 100ff. = NJW **1971** 1355 mit abl. Anm. *K. Winkler* = GmbH-Rdsch. **1971** 154 mit zust. Anm.

Plander; BGHZ **59** 236, 239; vgl. dazu auch *W. Blomeyer* Die teleologische Korrektur des § 181 BGB, AcP 172 **1972** 1; *Reinhardt* Gesellschaftsrecht, S. 326ff.). Der BGH hat insoweit seine frühere Rechtsprechung (BGHZ **33** 189; **49** 119; ebenso auch RGZ **68** 172, 175ff.) aufgegeben und sich der bereits von RG JW **1934** 974 vertretenen, in der Literatur herrschenden Meinung angeschlossen (vgl. *Aigner* Die Selbstermächtigungserklärung des Gesellschafter-Geschäftsführers einer Einmann-GmbH Diss. München [1965]; *Berns* [1964]; *Boesebeck* NJW **1961** 481, 484; *Däubler* GmbH-Rdsch. **1964** 224; *Plander* [1969]; *Pleyer* GmbH-Rdsch. **1968** 164; *Scholz* § 35, 24; *Zöllner* [1963] S. 186f.; **a. A.** heute noch *K. Winkler* DNotZ **1970** 476ff. und NJW **1971** 1355f.; sowie *Göggerle* Die teleologische Reduktion des § 181 BGB unter besonderer Berücksichtigung der Einmann-GmbH mit identischem Gesellschafter-Geschäftsführer, Diss. Tübingen [1974], der § 181 BGB entgegen allgemeiner Meinung Kapitalsicherungsfunktionen beimißt). Im Gegensatz zu den noch in BGHZ **33** 189, 194 genannten Beispielen kann der Alleingesellschafter-Geschäftsführer damit ohne satzungsmäßige Selbstermächtigung oder Einschaltung von Mittelspersonen einen Anstellungsvertrag mit der Gesellschaft schließen, nach einem Kapitalerhöhungsbeschluß die auf das erhöhte Kapital zu leistende Stammeinlage übernehmen oder ein Darlehen mit der Gesellschaft vereinbaren. Der Alleingesellschafter hat den Abschluß eines Insichgeschäfts zum maßgeblichen Zeitpunkt, gegebenenfalls auch seine alleinige Gesellschafterstellung, auf Verlangen einwandfrei nachzuweisen (BGHZ **56** 97 104f. unter Bezugnahme auf die finanzgerichtliche Rechtsprechung; vgl. BFH WM **1968** 341; *Voss* GmbH-Rdsch. **1972** 9, 11). Ohne **schriftliche Aufzeichnung** und — wenn nötig — **ordnungsgemäße Verbuchung** kann dieser Nachweis in der Regel nicht geführt werden (vgl. dazu auch *Plander* GmbH-Rdsch. **1971** 154). Daher ist die in § 62 Abs. 5 Satz 3 RegE 1972 vorgesehene Schriftform für Insichgeschäfte des Einmanngesellschafters im Hinblick auf das Gebot der organisatorischen Differenzierung der Vermögensbereiche von Gesellschaft und Alleingesellschafter bereits jetzt durchweg zu beachten (vgl. für Entschlüsse im allgemeinen auch oben Rdn. 32).

Läßt sich der Alleingesellschafter-Geschäftsführer von der Gesellschaft Sicherheit in Form einer Grundschuld auf dem Grundstück der GmbH geben, so findet das **Zinsverbot** des § 1197 Abs. 3 BGB keine Anwendung (RG HRR **29** 389). **Entnahmen** aus dem Gesellschaftsvermögen über den Rahmen des § 29 hinaus sind unzulässig und können nach §§ 242, 246 StGB strafbar sein (RGSt **42** 278, 283; **71** 253, 255; RG DR **1944** 232f.; BGH GmbH-Rdsch. **1954** 75 m. zust. Anm. *H. Schneider*; **a. A.** *Brodmann* § 2, 8a; zweifelnd *Schönke-Schröder* StGB, 17. Aufl. [1974] § 266, 44). Das Gesellschaftsvermögen wird auch insoweit nicht mit dem Privatvermögen des Gesellschafters gleichgesetzt, da **strafrechtlich schützenswerte Drittinteressen** an einer ordnungsgemäßen Kapitalerhaltung vorhanden sind. Soweit der Alleingesellschafter-Geschäftsführer mit Außenwirkung für die Gesellschaft seine Geschäftsführerpflichten verletzt, kann er gegebenenfalls angesichts der betroffenen Drittinteressen wegen Untreue (§ 266 StGB) gegenüber der Gesellschaft bestraft werden (RGSt **42** 278, 280). Er kann sich nicht in seiner Eigenschaft als Alleingesellschafter entlasten (BGH GmbH-Rdsch. **1954** 75); bei Antragsdelikten ist davon auszugehen, daß die GmbH selbst und nicht der Gesellschafter verletzt ist (RG DR **1944** 232f.). 36

VI. Verhältnis zu Dritten — Durchgriffsproblem

Schrifttum. Neben den vor Rdn. 1 genannten Schriften: *Böckstiegel* Der Staat als Vertragspartner ausländischer Privatunternehmen (1971); *ders.* Der Durchgriff auf den Staat (1972); *Drobnig* Haftungsdurchgriff bei Kapitalgesellschaften (1959); *Hofmann* Zum „Durchgriffs"-Problem bei der unterkapitalisierten GmbH, NJW **1966** 1941; *v. Marschall* Zum Identitätsproblem bei der Einmanngesellschaft im wechselrechtlichen Verkehrsschutz, JZ **1965** 403ff.; *Pleyer* Zur Haftung der Gesellschafter einer unterkapitalisierten Strohmann-GmbH, GmbH-Rdsch. **1963** 206ff.; *Serick* Durchgriffsprobleme bei Vertragsstörungen (1959); *Unger* Die Inanspruchnahme des verdeckten Kapitalgebers, KTS **1959** 33ff.

37 Die Einmann-GmbH ist kraft ihrer Rechtspersönlichkeit selbständiges Zurechnungssubjekt; doch sind die Interessen der gesellschaftlichen Organisation einheitlich auf den Vermögensbereich des Alleingesellschafters bezogen. Daher stellt sich hier ganz besonders die üblicherweise als **Durchgriffsproblem** bezeichnete Frage, inwieweit die Anwendung der allgemeinen Normen über den Zuordnungsumfang der Rechtsfähigkeit oder den Zurechnungsumfang der Handlungsfähigkeit einzuschränken (vgl. die Durchgriffsdefinition von *E. Rehbinder* Konzernaußenrecht, S. 98) und damit die Trennung zwischen Gesellschaft und Gesellschafter aufzuheben ist. Dieses Problem beschränkt sich nicht auf die Begründung einer — faktisch subsidiären — kapitalmäßigen Einstandspflicht des Gesellschafters, sondern ist als **Teil der allgemeinen Fragestellung** zu verstehen, **ob sich ein bestimmter Normkomplex auf die Gesellschaft oder/und den Gesellschafter bezieht** (vgl. unten Rdn. 41). Von einem Rechtsprinzip der Subsidiarität des Durchgriffs (so mißverständlich *Kraft* KölnKomAkkG 1, 75 und im Anschluß daran BAG NJW **1975** 708 = AP Nr. 1 zu § 13 GmbHG m. Anm. *Mertens*) kann deshalb von vornherein nicht die Rede sein. Es läßt sich als solches auch für den engeren Haftungsbereich nicht annehmen. Das Durchgriffsproblem existiert der Sache nach auch für die in der Vorauflage vertretene Theorie von der Einmanngesellschaft als Sondervermögen des Gesellschafters (oben Rdn. 9; vgl. *Fauser* S. 111f.); ähnlich verhält es sich mit der Lehre *Schönles* S. 61ff., 108ff., der die Haftungsprobleme nicht als Fragen der juristischen Person formuliert wissen will, sondern die Vorstellung einer doppelten Rechtsfähigkeit der natürlichen Person zugrunde legt.

1. Varianten der Durchgriffsdoktrin

38 Der Versuch, allgemeine Systematisierungen unter dem Gesichtspunkt des Durchgriffs zu entwickeln, hat zu einer mehr am Gesichtspunkt des subjektiven Rechtsmißbrauchs orientierten und einer mehr objektiven, überwiegend durch eine institutionelle Betrachtungsweise geprägten Variante geführt (dazu eingehend *Rehbinder* Konzernaußenrecht, S. 94ff.). In jüngerer Zeit wird die Berechtigung solcher Systematisierungen zunehmend in Zweifel gezogen und die Frage des Durchgriffs stärker als Problem der Anwendung einzelner Normen verstanden.

a) Subjektiver Ansatz

39 Die vor allem von *Serick* entwickelte subjektive Durchgriffslehre (Rechtsform und Realität, S. 2ff.; *ders.* Durchgriffsprobleme, S. 24ff.; im Anschluß daran *Dempewolf* DB **1961** 972, 1011; *Enneccerus-Nipperdey* AT 1 [1959] S. 612ff. *Meyer-Landrut* GroßkomAktG § 1, 25; *Unger* KTS **1959** 37ff.) geht prinzipiell von einer Einheitsfigur der juristischen Person aus; sie nimmt eine Aufhebung der durch die Rechtspersönlichkeit vorgegebenen Trennung — außer in Fällen spezifischer gesetzlicher Anordnung in einem sogenannten Normanwendungstatbestand — nur an, wenn der Gesellschafter die juristische Person in subjektiv-mißbräuchlicher Weise einsetzt, insbesondere „wenn mit Hilfe der juristischen Person ein Gesetz umgangen, vertragliche Verpflichtungen verletzt oder Dritte fraudulös geschädigt werden sollen"; (*Serick* Rechtsform und Realität, S. 203). Dem subjektiven Ansatz steht auch *Drobnig* nahe, der zwar die Vorstellung der Einheitsfigur aufgibt (S. 22), die Durchgriffsprobleme aber über eine extensive Anwendung von § 826 BGB lösen will (S. 25); ebenso für den speziellen Tatbestand der Unterkapitalisierung *Hofmann* NJW **1966** 1941ff.

b) Objektiver Ansatz

Die Durchgriffslehren, die sich stärker an objektiven Kriterien orientieren, sind überwiegend durch eine institutionelle Betrachtungsweise bestimmt, die — differenziert nach den verschiedenen Inkorporationsformen — auf eine objektiv-zweckwidrige Verwendung der juristischen Person abstellt (vgl. *Erlinghagen* GmbH-Rdsch. **1962** 561ff.; *Reinhardt* Identitätsproblem, S. 579ff.; *ders.* Gesellschaftsrecht, S. 330ff. *Siebert* BB **1954** 417ff.; andeutend auch *H. P. Westermann* Strukturprobleme des Gesellschaftsrechts in rechtsvergleichender Sicht, ZvglRW 73 **1973** 176, 209ff.). **40**

c) Durchgriff als Normanwendungsproblem

In jüngerer Zeit werden zunehmend Bedenken gegenüber allgemeinen Systematisierungen des Durchgriffs als einer besonderen rechtlichen Kategorie geltend gemacht (grundlegend *Müller-Freienfels* AcP 156 **1957** 522; vgl. auch *Caflisch* S. 7; *E. Rehbinder* Konzernaußenrecht, S. 109; *Schanze* [1975]; *Soergel-Schultze-v. Lasaulx* vor § 21, 41; *Wiethölter* ZHR 125 **1963** 325; *Woernle* S. 27; im Ergebnis zustimmend *Rittner* Die werdende juristische Person [1973] S. 271ff.; ein variables Normanwendungskonzept vertreten weiter *O. Kuhn* S. 203f.; *Tröster* S. 35ff., obwohl der erstere den institutionellen Ansatz betont und der zweite im Anschluß an *Fabricius* [1963] von „immanenten Schranken der Rechtsfähigkeit einer juristischen Person" ausgeht). Diese Bedenken zielen darauf ab, daß die allgemeinen Durchgriffslehren der juristischen Person eine gleichsam subjektivrechtliche Qualität als Inbegriff einer eigentumsähnlichen Stellung der Mitglieder zusprechen, mit der nach Belieben bis zur subjektiven oder objektiven Mißbrauchsgrenze verfahren werden darf. **41**

In der Tat hat die dogmatische Problemstellung nicht bei der Rechtsfigur der juristischen Person anzusetzen, sondern muß sich davon leiten lassen, daß das gesellschaftliche Handeln durch das Tun oder Unterlassen natürlicher Personen bestimmt wird. Auf die rechtliche Bewertung dieses Verhaltens sind unterschiedliche Normkomplexe in funktional unterschiedlicher Weise zugeschnitten. Dabei führt die Norm in vielen Fällen — ohne den Umweg eines Durchgriffs — zur Haftung des Alleingesellschafters für eine gesellschaftsbezogene Aktivität, so etwa, wenn dieser unter Einsatz der juristischen Person eine vorsätzlich sittenwidrige Schädigungshandlung begeht. Hier haftet er ohne weiteres nach § 826 BGB (vgl. BGHZ **31** 258, 271). Bei aller Anerkennung der öffentlichen — insbesondere auch der Rechtssicherheitsinteressen —, die sich mit der juristischen Person verbinden, besitzt sie keinen wesensmäßigen Eigenwert, sondern sie ist eine funktionsgebundene Rechtsfigur, der je nach Sinn und Zweck einer in Betracht zu ziehenden Rechtsnorm unterschiedliche Bedeutung beigemessen werden kann (*Müller-Freienfels* aaO 536). Die Frage, inwieweit einzelne Normzwecke unter Berücksichtigung der Funktionen der jeweiligen Inkorporationsform eine auf Dritte bezogene Zurechnung gebieten, darf sich daher nicht — wie in den allgemeinen Durchgriffslehren — von vornherein starr an ein Regel/Ausnahmeschema binden. Aus diesem Grunde ist der methodische Ausgangspunkt für die Durchgriffsfrage weder der subjektive Miß- **42** brauch noch die objektive Verfehlung der Institution, sondern die Norm, um deren Anwendung es jeweils geht. Allerdings sind auch unter diesem Blickpunkt Fragen des Mißbrauchs oder des zweckwidrigen Gebrauchs der Rechtsform einerseits wie auch andererseits die Interessen an der Funktionsfähigkeit des Konzepts der juristischen Person wichtige Kriterien für die jeweilige Normanwendung (daher sind die engen Verbindungen, die etwa bei *Tröster* aaO zwischen der Kennzeichnung des Durchgriffs als Auslegungsproblem und dem Konzept einer relativen Rechtsfähigkeit der juristischen Person bestehen, kein Zufall; ähnliches gilt für die Verbindung von Normanwendung und institutionellem Ansatz bei *O. Kuhn* aaO, aber auch bei *E. Rehbinder* aaO). Doch ist das Normanwendungskonzept in der Lage, die subjektive und die objektive Durchgriffskonzeption, die für die Herausarbeitung bestimmter Fallgruppen Wichtiges geleistet haben (vgl. dazu etwa *Kraft* KölnKomAktG § 1, 60ff.), zu umgreifen. Insofern wird es auch am ehesten der Rechtsprechung gerecht, die es vermeidet, sich an eine bestimmte Durchgriffslehre zu binden.

2. Überblick über die Rechtsprechung

a) Das **Reichsgericht** hat sich in den gewöhnlich als Durchgriffsfällen klassi-
43 fizierten Entscheidungen seit 1920 (RGZ **99** 232, 234; **103** 64, 66; **104** 128; **117** 257; **119** 126; **129** 50, 53f.; RG JW **1938** 862; RGZ **156** 277; RG JW **1939** 355 (betr. AG); RGZ **169** 248) auf den Satz gestützt, daß der „Richter vor der juristischen Konstruktion die Wirklichkeiten des Lebens und die Macht der Tatsachen zu berücksichtigen" habe. Mit diesem Hinweis auf den Vorrang des Inhalts vor der Form wird in sehr verschieden gelagerten Einzelfällen prozessual der Vortrag derjenigen Partei abgeschnitten, die sich auf die Verschiedenheit der inkorporierten juristischen Person und der sie beherrschenden Personen bezieht.

b) Der **Bundesgerichtshof** hat diese Rechtsprechung in Entscheidungen fort-
44 gesetzt, die sich mit der Frage der Aufrechenbarkeit von Reichsschulden gegen Forderungen von Kriegsgesellschaften beschäftigen (BGHZ **3** 316; **10** 205; BGH NJW **1952** 817; vgl. auch BGHZ **15** 27ff.; **17** 19; BGH DB **1955** 333; BGH BB **1955** 559). Das Gericht versagt den einzelnen Reichskriegsgesellschaften die Berufung auf die formale Rechtsstellung als selbständige Vermögensträger und läßt damit unter Bejahung der Identität von Gläubiger und Schuldner (im Sinne des § 387 BGB) die Aufrechnung zu; im Hinblick auf das Gesellschaftsrecht darf man den präjudiziellen Wert dieser Entscheidungen nicht überschätzen (*R. Fischer* JZ **1956** 362 gegen *Schilling* Voraufl. 5; vgl. auch BGHZ **26** 31, 34ff. und BGH WM **1961** 1103, 1104).

Auf diese Rechtsprechung gestützte Versuche eines **Durchgriffs von der**
45 **Gläubigerseite** her hat der Bundesgerichtshof im Fall der Aufrechnung (BGHZ **26** 31) und der Berufung auf ein Leistungsverweigerungsrecht (BGH GmbH-Rdsch. **1959** 26), also in Fällen defensiver Geltendmachung eines Anspruchs gebilligt, in den Fällen der mangelhaften Kapitalausstattung unter Zugrundelegung von §§ 30, 31 differenzierend behandelt, bei offensiver Geltendmachung im Hinblick auf Kapitalgesellschaften (anders für den eingetragenen Verein BGHZ **54** 222) dagegen durchweg abgelehnt. Hier finden sich als obiter dicta programmatische Stellungnahmen, die diese Haftungsfragen unter dem Einfluß der Literatur als allgemeine Probleme der rechtlichen Schranken einer juristischen Person qualifizieren. So erklärt BGHZ **20** 4, 14, die Rechtsfigur der juristischen Person könne nur in dem Umfang Beachtung finden, in dem ihre Verwendung dem Zweck der Rechtsordnung entspreche; über die Rechtsform der juristischen Person dürfe nicht leichtfertig oder schrankenlos

hinweggegangen werden. Dieser letztere Teil der Formel, gegen den — für sich genommen — ein Verstoß im Rahmen rechtsstaatlicher Gerichtsbarkeit wohl kaum ernsthaft zu erwarten ist, wird in späteren Entscheidungen regelmäßig wiederholt; vgl. zuletzt BGH BB **1975** 487. In BGHZ **22** 226, 234 wird in bezug auf ein Organverhältnis — unter Berufung auf Voraufl. 7 — die Formel geprägt, eine Haftung des herrschenden Unternehmens trete dann ein, „wenn die rechtliche Selbständigkeit der einen Gesellschaft von einem anderen Unternehmen rechtswidrig ausgenutzt, der Schein der Selbständigkeit erweckt oder das Abhängigkeitsverhältnis mißbraucht" werde. Auch in anderen Entscheidungen bedient sich der BGH der Sprache der Durchgriffslehre, wobei er durchweg dem objektiven Ansatz den Vorzug gibt, also das restriktive Merkmal der Schädigungsabsicht nicht voraussetzt (Ausnahme: die Entscheidung des 8. Senats, BGH GmbH-Rdsch. **1958** 111 = WM **1958** 460; vorsichtiger dagegen die Entscheidung desselben Senats BGH AG **1970** 117 = KTS **1970** 201). Doch herrscht offenbar das Bestreben vor, sich nicht auf eine bestimmte Durchgriffslehre festzulegen. So wird in BGH WM **1961** 1103 unter Bezug auf *R. Fischer* Anm. zu LM Nr. 4 zu § 13 GmbHG = BGHZ **26** 31 betont, die Vielfalt der Lebensverhältnisse habe eine dogmatische Grundlegung erschwert, immer wieder müsse daher der einzelne Fall neu betrachtet werden, wobei frühere Entscheidungen nur mit Vorsicht heranzuziehen seien.

Insgesamt sind hier als den Gesichtspunkt des Durchgriffs behandelnde Entscheidungen zu nennen: BGHZ **25** 115 (Bilanzeinsichtsrecht nach § 166 HGB bei einer von einer Kommanditgesellschaft beherrschten GmbH); BGHZ **26** 31 (Pensionsanspruch gegen eine vom Reich betriebene Bergbaugesellschaft); BGH GmbH-Rdsch. **1958** 111 = WM **1958** 460 (Umfang des Einwands nach § 419 BGB beim Verkauf eines überschuldeten Bäckereibetriebes in Form einer GmbH); BGH GmbH-Rdsch. **1959** 26 = WM **1958** 463 (Leistungsverweigerungsrecht eines Provisionsvertreters gegen ein persönliches Darlehen des Geschäftsführer - Gesellschafters); BGHZ **31** 258 (Zugriff auf die Kapitalausstattung durch Gesellschafterdarlehen bei einem unterkapitalisierten Lufttaxiunternehmen); BGH GmbH-Rdsch. **1961** 104 = WM **1960** 1119 (der Alleingesellschafter kann nicht einerseits Vertragsansprüche persönlich geltend machen und sich andererseits gegenüber Einwänden darauf berufen, daß die GmbH Vertragspartner sei); BGH GmbH-Rdsch. **1961** 161 = WM **1961** 1103 (herrschendes Unternehmen haftet grundsätzlich nicht für Verbindlichkeiten eines ausgegründeten Verlags); BGH GmbH-Rdsch. **1962** 134 und BGH GmbH-Rdsch. **1971** 137 = LM Nr. 8 zu § 842 BGB = JR **1971** 329 mit Anm. *P. Schwerdtner* (Erwerbsausfallschäden kann der Alleingesellschafter-Geschäftsführer auch persönlich geltend machen); BGH WM **1964** 69 und BGH WM **1966** 146 (für Zwecke des Entschädigungsrechts wird trotz Einmann-GmbH auf die natürliche Person zugerechnet); BGH AG **1970** 117 = KTS **1970** 201 (Gesellschafterdarlehen und § 30 Nr. 1 KO); BGHZ **61** 380 (persönlicher Anspruch des Einmanngesellschafters aus einem im eigenen Namen geschlossenen Anwaltsvertrag wegen eines der Gesellschaft entstandenen Schadens); BGH NJW **1974** 1371 (Alleingesellschafter haftet grundsätzlich nicht, auch nicht über § 831 BGB, persönlich für Verbindlichkeiten, die der betrügerische Geschäftsführer im Namen der Gesellschaft eingeht); BGH BB **1975** 487 (Anerkennung von Darlehen im Konzern). Der Sache nach gehören hierher auch die Entscheidungen zu § 652 BGB: BGH NJW **1971** 1839; **1973** 1649; **1974** 1130, in denen die Maklereigenschaft verneint wird, wenn der Makler zugleich eine beherrschende gesellschaftsrechtliche Stellung beim Vertragspartner innehat. Der BGH spricht hier methodisch ganz im Sinne der Normanwendungslehre nicht mehr von einem Durchgriff, vgl. unten Rdn. 55.

3. Sonderproblem des „gesellschafterfreundlichen Durchgriffs"

46 Grundsätzlich kommt eine Identifizierung der Gesellschaft und des Gesellschafters zugunsten des letzteren nicht in Betracht; denn dieser muß sich an seiner Entscheidung, ein Unternehmen in Form der juristischen Person zu führen, festhalten lassen (RGZ **169** 240, 248; *Kraft* KölnKomAktG § 1, 74; *Meyer-Landrut* GroßkomAktG § 1, 32; *Siebert* BB **1954** 417; *K. Schmidt* GmbH-Rdsch. **1974** 179). Um so weniger lassen sich die Fälle, in denen die Rechtsprechung Ausnahmen von diesem Prinzip zugelassen hat, aus einer einheitlichen als Korrektiv der juristischen Person angelegten Konzeption des gewissermaßen rückgewendeten Durchgriffs erklären. Auch insoweit bewährt sich dagegen das Normanwendungskonzept: So kann der Zweck bestimmter steuerrechtlicher Normen eine wirtschaftliche Betrachtungsweise gebieten, die auf einen „gesellschafterfreundlichen Durchgriff" hinausläuft (vgl. unten Rdn. 64ff.). Dem Zweck des Bundesentschädigungsgesetzes, das zwischen der Beeinträchtigung von Mitgliedschaftsrechten einerseits und der persönlichen wirtschaftlichen Existenz andererseits unterscheidet, entspricht es, wenn der Alleingesellschafter im Rahmen der zweiten Kategorie entschädigt wird (BGH WM **1964** 69; BGH WM **1966** 146; *K. Schmidt* aaO 181). Schadensrechtlich begründete Erwägungen für die Berechnung des Schadensumfangs sind maßgeblich, wenn dem Gesellschafter-Geschäftsführer die unmittelbare Geltendmachung eines Erwerbsausfallschadens als Eigenschaden gestattet wird (BGH GmbH-Rdsch. **1962** 134; BGH GmbH-Rdsch. **1971** 137 = LM Nr. 8 zu § 842 BGB = JR **1971** 329 m. Anm. *P. Schwerdtner*). Ähnliches gilt für BGHZ **61** 380 (vgl. dazu *Bauschke* BB **1974** 429; *Berg* NJW **1974** 933; *Frank* NJW **1974** 2313; *Mann* und *Roll* NJW **1974** 492; *Reinelt* BB **1974** 1145; *K. Schmidt* aaO 178). Die Entscheidung spricht dem Alleingesellschafter Ersatz eines Vermögensschadens zu, der am Gesellschaftsvermögen der von ihm beherrschten GmbH dadurch entstanden war, daß ein Anwalt den mit dem Gesellschafter persönlich abgeschlossenen Anwaltsvertrag verletzt hatte. Die im Leitsatz zusammengefaßte Begründung des Urteils: „Wird der Gesellschafter von einem Dritten schuldhaft verletzt und tritt ein Schaden an seinem ‚Sondervermögen' ein . . . , so muß es, wenn zwischen Schadenszufügung und Schaden ein zurechenbarer Zusammenhang besteht, im Verhältnis zum Schädiger so angesehen werden, daß ihn persönlich ein Schaden getroffen hat", ist wegen ihrer verallgemeinernden Tendenz und ihrer unklaren methodischen Linie von den genannten Autoren mit Recht kritisiert worden. Zur richtigen Einschätzung der Tragweite dieser Entscheidung ist davon auszugehen, daß sie die Situation eines schadensersatzrechtlich nicht hinzunehmenden Auseinanderfallens von Anspruchsberechtigung und Schaden zu bewältigen hatte. Solche Fälle lassen sich schadensrechtlich entweder dadurch lösen, daß im Wege der Vertragsauslegung der Geschädigte in den vertraglichen Schutzbereich einbezogen wird oder daß man den Schaden zum Anspruchsberechtigten zieht, indem man diesem insoweit ein eigenes Vermögensinteresse zuspricht; man setzt sich dann der Sache nach über gewisse tatbestandliche Verengungen einer Schadensliquidation im Drittinteresse hinweg. Dieser Weg mag in Fällen, in denen dem Vertragspartner das erweiterte Schutzinteresse des Anspruchsberechtigten erkennbar war, durchaus als gangbar erscheinen. Gestattet man es dem Alleingesellschafter der GmbH, den ihr entstandenen Schaden auf diese Weise zu liquidieren, so darf man ihm allerdings einen Anspruch nur auf Leistung von Schadensersatz an die GmbH gewähren; denn ihr Vermögensstand ist wieder herzustellen und ihren Gläubigern darf die persönliche Geltendmachung des Schadens durch den Alleingesellschafter nicht zum Nachteil gereichen (*Mann* aaO; *K. Schmidt* aaO 179; im Ergebnis auch *Frank* aaO). Gerade dieses Gläubigerinteresse

schließt im übrigen auch die von *Frank* aaO vorgeschlagene Lösung aus, wonach der Einmanngesellschafter selbst den Vermögensschaden liquidieren dürfe, der durch die Wertminderung seines Geschäftsanteils an der GmbH entstanden sei. Damit setzt sich *Frank*, offenbar ohne die Tragweite seines Vorschlags zu erkennen, unzulässigerweise über die Haftungsordnung des GmbH-Rechts hinweg.

4. Fallgruppen

a) Unterkapitalisierung

Die Frage der Verantwortlichkeit des Gesellschafters für eine unzureichende **47**
Kapitalausstattung seiner Gesellschaft ist bei Zugrundelegung des Normanwendungskonzepts unter Abwägung der verschiedenen Interessen der Gläubigergruppen in erster Linie von den §§ 30, 31 und den Bestimmungen des Insolvenzrechts her zu lösen. Dies ist auch der Ausgangspunkt der Rechtsprechung (BGHZ **31** 258; BGH GmbH-Rdsch. **1961** 161; **1963** 208; BGH WM **1966** 146f.; BGH AG **1970** 117 = KTS **1970** 201; BGH WM **1972** 74). Insoweit ist auf die allgemeine Darstellung des Unterkapitalisierungsproblems (Anhang zu § 30; vgl. auch § 5, 10) zu verweisen.

b) Gesellschafter als Vertragspartei

Wer Vertragspartei ist — die Gesellschaft oder der Gesellschafter, oder beide — **48**
ist Frage der Vertragsauslegung und nach den allgemeinen Auslegungsregeln zu entscheiden (vgl. BGHZ **62** 216, 220f. und im Hinblick auf den Konzern *Rehbinder* Konzernaußenrecht, S. 137f. m. w. Nachw.; vgl. auch *Reinhardt* Identitätsproblem, S. 588; zur Patronatserklärung und weiteren Verpflichtungstatbeständen im Konzern siehe Anhang II zu § 13, 50ff. und *Obermüller* Die Patronatserklärung, ZGR 4 **1975** 1ff.). Wer sich auf die Fremdwirkung seiner Willenserklärung beruft, hat die Darlegungs- und Beweislast (RGZ **95** 188; BGH BB **1953** 369: BGH NJW **1975** 775; *Soergel-Schultze-v. Lasaulx* § 164, 30). Mit Recht stellt BGHZ **31** 258, 271 fest, hafte der Gesellschafter „aus einem besonderen Rechtsgrunde (Bürgschaft, Schuldbeitritt, Kreditauftrag, Garantievertrag, Verschulden bei Vertragsschluß oder unerlaubter Handlung) ohnehin", so gehe es nicht um ein Durchgriffsproblem. Doch behandeln BGH GmbH-Rdsch. **1958** 111 = WM **1958** 460 und BGH GmbH-Rdsch. **1959** 26 = WM **1958** 463 Fälle unter Durchgriffsgesichtspunkten, die auf dem Wege der Ermittlung der richtigen Vertragspartei hätten gelöst werden können (vgl. dazu *Drobnig* S. 33f.; *E. Rehbinder* Konzernaußenrecht S. 154ff. sowie OLG Nürnberg WM **1955** 1566 einerseits und OLG Karlsruhe GmbH-Rdsch. **1960** 25 andererseits).

c) Besondere vertragliche oder gesetzliche Verhaltenspflichten

Die Frage, ob ein **Wettbewerbsverbot** oder sonstige **Unterlassungspflichten,** **49**
die sich primär auf die GmbH beziehen, auch vom Gesellschafter beachtet werden müssen (vgl. zum umgekehrten Fall RGZ **114** 68), ist im Wege der Auslegung nach Sinn und Zweck der Vereinbarung oder der gesetzlichen Verpflichtung zu lösen. Von Bedeutung ist, ob und in welchem Maße der Gesellschafter das Verhalten der Gesellschaft beeinflussen kann (vgl. OLG Frankfurt DB **1974** 1904, wo der beherrschende Gesellschafter im Sinne der Normanwendungslehre als Störer nach § 1004 BGB angesehen wird). Eine Begrenzung der Reichweite der Verpflichtung auf Tatbestände der absichtlichen Umgehung (so aber RGZ **142** 219, 221; *Serick* Rechtsform und Realität S. 22ff.) ist abzulehnen (vgl. *E. Rehbinder* Konzernaußenrecht S. 183f. und 111ff. m. w. Nachw.).

Das gleiche gilt für **Auskunfts-** und **Einsichtspflichten.** So kann sich ein **50**
Alleingesellschafter nicht darauf berufen, die Pflicht zur Bilanzvorlage treffe allein

die GmbH, sie sei ihm selbst rechtlich unmöglich (vgl. RGZ **99** 231; BGHZ **25** 115; zu verfahrensrechtlichen Fragen auch RGZ **160** 257). Entscheidungstragend ist hier der Zweck der konkreten Verpflichtung, nicht dagegen die zusätzliche Hilfsbegründung des BGH (aaO 118), eine Berufung auf die förmliche Verschiedenheit zwischen Gesellschaft und Alleingesellschafter widerspreche dem „Zweck der Rechtsordnung".

51 **§ 61 VVG** verbietet dem Alleingesellschafter, der den **Versicherungsfall** vorsätzlich oder grobfahrlässig **herbeiführt,** die Berufung darauf, daß die Gesellschaft Versicherungsnehmer sei (*Reinhardt* Identitätsproblem, S. 584 m. w. Nachw.). Auch im Hinblick auf § 102 Abs. 1 Satz 2, 107c VVG ist der Einwand mangelnder Identität unbeachtlich (*Tröster* S. 93; **a. A.** *Flechtheim* Die Einmanngesellschaft und § 107 des Versicherungs-Vertragsgesetzes, Zentralblatt f. Handelsrecht **1928** 388f.).

52 Bei **Abzahlungsgeschäften** ist eine extensive Anwendung des § 6 AbzG jedenfalls dann notwendig, wenn der Käufer von der Mutter-GmbH eine Sache durch Barkauf erwirbt, der Kaufpreis jedoch (in Form eines Personalkredits) von einer Tochter-GmbH vorfinanziert wird (vgl. *O. Kuhn,* S. 205; wegen der Einzelheiten zu § 6 AbzG und zur jüngeren Rechtsprechung *Palandt-Putzo,* 34. Aufl. [1975] Abzahlungsgesetz § 6 Anm. 2dd und Anhang zu § 6).

d) Haftungsrecht

53 Um dem Gesellschafter einen eigenen deliktischen Handlungsbeitrag im Rahmen seiner gesellschaftsbezogenen Aktivität zuzurechnen, bedarf es keines Durchgriffs durch die juristische Person (vgl. zur vorsätzlich sittenwidrigen Schädigungshandlung eines Alleingesellschafters BGHZ **31** 258, 271; zur Verantwortlichkeit beim Empfang von Schmiergeldern RG DR **1940** 580; zur absichtlichen Vermögensvermischung als nach § 826 BGB zu behandelndem Delikt OLG Karlsruhe DR **1943** 811; zur Begründung eines Dienstvertrages trotz Insolvenz der Gesellschaft LAG Bayern GmbH-Rdsch. **1972** 31 mit unscharfer Begründung; zutreffend insoweit BAG NJW **1975** 708 = AP Nr. 1 zu § 13 GmbHG m. Anm. *Mertens*). Hat der Gesellschafter keinen eigenen Handlungsbeitrag geleistet, so kann er auch nicht in Anspruch genommen werden. Er haftet nicht nach § 831 BGB für eine deliktische Aktivität seines Geschäftsführers; auch nicht für ein betrügerisches Handeln (BGH NJW **1974** 1371). Eine weitergehende Verantwortlichkeit des Alleingesellschafters für Handlungen Dritter im Rahmen seines geschäftlichen Betriebes besteht nach § 13 Abs. 3 UWG und § 12 Abs. 2 RabattG (vgl. BGH WRP **1963** 306f.). Das Handeln des Gesellschafter-Geschäftsführers für die Gesellschaft kann eine eigene Haftung aus **culpa in contrahendo** begründen, wenn man die h. M. (vgl. zusammenfassend BGHZ **56** 81) zugrunde legt, daß der Vertreter bei wirtschaftlichem Eigeninteresse oder bei der Inanspruchnahme besonderen Vertrauens selbst haftet: Vgl. BGH WM **1967** 481 und dazu *Rehbinder* Konzernaußenrecht, S. 337; einschränkend BAG NJW **1975** 708 = AP Nr. 1 zu § 13 GmbH m. Anm. *Mertens.*

e) Rechtsscheinerwerb

54 Die Normen des grundbuchrechtlichen, fahrnisrechtlichen und wertpapierrechtlichen Gutglaubensschutzes (§§ 892, 932ff. BGB, Art. 16 Abs. 2 und 17 WechselG und Art. 21, 22 ScheckG) sind im Verhältnis zwischen Alleingesellschafter und Gesellschaft nicht anwendbar, da bei Übertragungen kein „Verkehrsgeschäft" vorliegt (vgl. *O. Kuhn* S. 205f.; *Reinhardt* Identitätsproblem, S. 580ff.; *Soergel-Schultze-v. Lasaulx* vor § 21, 47; *Tröster* S. 70ff. m. w. Nachw.). Zu § **892 BGB** vgl. RGZ **117** 257, 265; **119** 126, 129; **126** 46; **129** 119; **130** 390; KG JW **1927** 805 und 1431; *Rein-*

hardt Identitätsproblem, S. 581; *RGRK-Pritsch* § 892, 11; *Soergel-Baur* § 892, 21f.; *Staudinger-Seufert* § 892, 22f. Zu §§ **932ff. BGB** vgl. *Wolff-Raiser* Sachenrecht, 10. Aufl. (1957) S. 249. Zu **Art. 16, 17 WechselG** vgl. OLG Stuttgart JZ **1965** 415; OLG Hamm JZ **1965** 416; *Baumbach-Hefermehl* Wechsel- und Scheckgesetz, 11. Aufl. (1973) WG Art. 17, 22; *v. Marschall* JZ **1965** 403; *Tröster* S. 74ff. Entsprechend greifen auch **Art. 21, 22 ScheckG** nicht ein.

f) Maklerprovision, Sicherungshypothek, Vorkaufsrechte

Eine **Maklerprovision** kann der als Makler auftretende beherrschende Gesellschafter, der nicht notwendig Alleingesellschafter sein muß, bei Geschäften mit der **55** Gesellschaft nicht verlangen, da er keine vermittelnde Tätigkeit mit einem Dritten im Sinne des **§ 652 BGB** ausübt (BGH NJW **1971** 1839; **1973** 1649 und **1974** 1130; KG NJW **1968** 1782; OLG München NJW **1974** 1875 m. Anm. *Benöhr*; OLG Frankfurt NJW **1975** 543). Ist der herrschende Gesellschafter zugleich auch Geschäftsführer, so tritt neben die Interessenidentität aus mitgliedschaftsrechtlichen (konzernrechtlichen) Gründen der vertretungsrechtliche Gesichtspunkt, daß der Vertreter nicht zugleich als Makler eines Geschäfts mit dem Vertretenen auftreten kann; dies widerspricht dem Bild der eigenverantwortlichen Maklertätigkeit (BGH NJW **1974** 1130, 1131); er hat im Zweifelsfall allein die Interessen des Vertretenen zu wahren (so für den Handelsvertreter: BHG NJW **1974** 137; für den Verwalter im Sinne des Wohnraumvermittlungsgesetzes: LG Aurich NJW **1975** 544 und LG Berlin NJW **1975** 545; vgl. auch LG München I NJW **1974** 2287 m. Anm. *Hoyningen-Huene*). Dies gilt um so mehr, wenn für Dritte die Vermittlungstätigkeit von der Verkäufertätigkeit nicht zu scheiden ist (OLG Stuttgart NJW **1973** 1975, 1976; vgl. aber OLG München NJW **1974** 1875, 1876). Die Rechtsprechung neigt allerdings dazu, gesellschaftsrechtliche und vertretungsrechtliche Identitätsprobleme in einem einheitlichen Sammelbegriff der „engen wirtschaftlichen Verflechtung" (OLG Stuttgart aaO; OLG Frankfurt NJW **1975** 543; vgl. auch *Benöhr* NJW **1974** 1877) aufzulösen, der nur mangelhafte Abgrenzungen erlaubt. Dies wird in OLG München (*9. Zs.*) NJW **1974** 1875 zwar im Ansatz richtig gesehen; die Entscheidung ist jedoch im Ergebnis abzulehnen, da sie neben der Bewertung der gesellschaftsrechtlichen Identitätsfrage den Umstand unberücksichtigt läßt, daß im Einzelfall aus vertretungsrechtlichen Gründen der Makler nicht für einen Dritten im Sinne des § 652 BGB tätig werden konnte (kritisch auch: *Benöhr* aaO und OLG München [*23. Zs.*] NJW **1975** 220 = BB **1974** 1553).

Der besondere Schutzzweck des **§ 648 BGB** kann im Einzelfall gebieten, daß **56** neben dem vertraglich bezeichneten Werkbesteller auch der mit ihm organisatorisch verbundene, der Rechtsform nach getrennte Eigentümer zur Einräumung einer **Sicherungshypothek** heran gezogen werden kann. Dabei geht es nicht um „formaljuristische" Betrachtung einerseits und „wirtschaftliche" Betrachtung andererseits (so OLG München NJW **1975** 220 = BB **1974** 1553 und *Palandt-Thomas* BGB 34. Aufl. [1975] § 648, 2b) gegen OLG Braunschweig BB **1974** 624), sondern um eine Bestimmung des **Bestellerbegriffs** nach dem Schutzzweck des § 648 BGB unter Abwägung des Schutzes der an den getrennten Vermögensmassen interessierten Gläubiger (z. B. Kaufanwärter der Bauobjekte) und Gesellschafter. Da es sich in der Sache um eine Erstreckung der Haftung des Vertragspartners auf getrennte Vermögen handelt (vgl. dazu die familienrechtliche Entscheidung BGHZ **14** 313, 317 und näher: *Rehbinder* Konzernaußenrecht S. 350f. m. w. Nachw.) ist die bei *Palandt-Thomas* aaO und OLG München aaO gezogene Parallele zu § 652 BGB nur mit Vorsicht zu verfolgen. Angesichts der besonderen Schutzbedürftigkeit des vorleistenden und kraft Gesetzes sein Eigentum verlierenden Bauhandwerkers ist der Bestellerbegriff in § 648 BGB extensiv auszulegen; die Grenze liegt jedoch bei der Frage, welche Sicherung der Unternehmer bei Abschluß des Vertrages verständigerweise erwarten durfte; andernfalls würde das erkennbare Vertragsrisiko zu Lasten Dritter verschoben.

57 Rechtsgeschäfte zwischen der Einmann-GmbH und dem Alleingesellschafter lösen Vorkaufsrechte Dritter nicht aus. Diese können jedoch das **Vorkaufsrecht** ausüben, wenn der betreffende Vermögensgegenstand danach an einen Dritten weiterveräußert wird (so mit Recht *Tröster* S. 69f. entgegen *Griebel* S. 120).

g) Konkursantrag

58 Die Geschäftsführerhaftung für verspätete Konkursanmeldung nach § 823 Abs. 2 BGB in Verbindung mit § 64 Abs. 1 GmbHG ist auch auf Gesellschafter zu erstrecken, die sich tatsächlich wie ein Geschäftsführer verhalten haben (BGH GmbH-Rdsch. **1974** 7, 9 unter Anlehnung an die strafrechtliche Rechtsprechung zu § 83 GmbHG; vgl. auch schon BGH WM **1961,** 1103, 1106). Einer mit dem Durchgriffsgedanken arbeitenden Lösung bedarf es insoweit entgegen *Fleck* Zur Haftung des GmbH-Geschäftsführers, GmbH-Rdsch. **1974** 224, 232 nicht. Gegen den Konkurseröffnungsbeschluß kann gemäß § 109 KO nur der Geschäftsführer, nicht aber die Gesellschafter in ihrer Gesamtheit oder der herrschende Gesellschafter vorgehen (OLG Köln BB **1975** 199 m. Anm. *Bauschke*).

h) Gläubigeranfechtung

59 Im Rahmen der Konkurs- und Einzelgläubigeranfechtung nach § 31 KO und § 3 AnfG gilt jedenfalls der Alleingesellschafter als Angehöriger der GmbH; daher sind statt der allgemeinen Absichtsanfechtungsregel anwendbar § 31 Nr. 2 KO (vgl. KG KTS **1935** 158; *Böhle-Stamschräder* KO § 31, 3e m. w. Nachw.; *Jaeger-Lent* KO § 31, 30; vgl. auch BGH AG **1970** 117f., wo dieser Gesichtspunkt aus tatsächlichen Gründen nicht untersucht wird) und § 3 Abs. 1 Nr. 2 AnfG (*Böhle-Stamschräder* AnfG § 3, 8; *Jaeger* Die Gläubigeranfechtung außerhalb des Konkursverfahrens, 2. Aufl. [1938] § 3, 36). Mit Recht schlägt *Tröster* S. 77 weitergehend vor, auch die Regelung über die Ehegattenanfechtung (§ 32 Nr. 2 KO, § 3 Abs. 1 Nr. 4 AnfG) anzuwenden.

i) Arbeitsrecht

60 Der Übergang eines Unternehmens von der GmbH auf den Alleingesellschafter oder die Fortführung eines Einzelunternehmens durch den bisherigen Inhaber in Form der Einmann-GmbH kann mit Rücksicht auf den Arbeitnehmerschutz des § 613a BGB als Betriebsinhaberwechsel angesehen werden. Soweit die Auffassung vertreten wird, daß leitende Angestellte nicht unter § 613a BGB fallen, weil diese Vorschrift auf dem betriebsverfassungsrechtlichen Begriff des Arbeitnehmers beruhe (vgl. etwa *Erman-Küchenhoff* § 613a, 7f.; **a. A.** *Palandt-Putzo* 34. Aufl. [1975] § 613a, 1c) sind die Gründe, die gegen eine Fortsetzung der Verträge mit leitenden Angestellten entsprechen, in diesem Fall des Betriebsinhaberwechsels aber irrelevant. Daher müssen auch solche Verträge bestehen bleiben. Wegen der Deliktshaftung des Gesellschafters bei Abschluß des Arbeitsvertrages durch den herrschenden Gesellschafter vgl. oben Rdn. 53.

j) Prozeßrecht

61 Auch im Prozeßrecht entscheidet der Zweck der in Betracht kommenden Norm über die Identifikation des Alleingesellschafters mit der GmbH. Im Prozeß der

GmbH ist der Alleingesellschafter nach § 41 Nr. 1 ZPO vom Richteramt ausgeschlossen (*Fauser* S. 62 FN 5; *Griebel* S. 140f.). Beweisrechtlich sind auf den Alleingesellschafter im Prozeß der GmbH die Grundsätze der Parteivernehmung anzuwenden (*R. Fischer* JZ **1956** 362; *Schilling* JZ **1957** 93). Soweit die prozessuale Literatur im Hinblick auf die Unterscheidung zwischen Partei und Zeuge allein auf die formal unterschiedliche Rechtssubjektivität abstellt, berücksichtigt sie den Fall der vollständigen Interessenidentität, wie sie zwischen Alleingesellschafter und Gesellschaft besteht, nicht (vgl. *Rosenberg-Schwab* Zivilprozeßrecht, 11. Aufl. [1974] § 23 II 2; *Stein-Jonas-Pohle-Schumann/Leipold* ZPO, 19. Aufl. [1972ff.] vor § 373, I 2. Zugunsten einer Anwendung der Regel über die Zeugenvernehmung führt *Fauser* S. 62 FN 5 an, daß auch der Gemeinschuldner im Konkursprozeß Zeuge sein könne; doch ist hier kein Fall der notwendigen Interesseneinheit gegeben.

Da § 114 Abs. 4 ZPO die Beurteilung der Armut der juristischen Person auch an das Vermögen der „an der Führung des Prozesses wirtschaftlich Beteiligten" knüpft, erhält die „arme" Einmanngesellschaft regelmäßig dann kein Armenrecht, wenn der Alleingesellschafter selbst vermögend ist (zur Verfassungsmäßigkeit dieser Regelung allgemein: BVerfGE **35** 348, 356).

VII. Besonderheiten beim Unternehmenskauf

Veräußert der Alleingesellschafter alle Anteile an einen Dritten und wird nach **62**
dem Vertragszweck aus der Sicht der Verkehrsauffassung (**a. A.** *Neumann-Duesberg* WM **1968** 494, 501f., der die Verkäuferabsicht für maßgeblich hält) deutlich, daß damit das Unternehmen verkauft wird, so gelten nicht die beim Rechtskauf anwendbaren Regeln, sondern die Vorschriften über die Gewährleistung bei Sachmängeln (st. Rspr.; RGZ **120** 283; **150** 397, 401; BGH **1964** 69f.; BGH NJW **1969** 184 = LM Nr. 31 zu § 433 BGB; BGH WM **1970** 819f.; *Baltzer* GmbH-Rdsch. **1974** 83; *Eder* GmbH-Rdsch. **1974** 173; *Erman-Weitnauer* § 433, 25; *Flume* Eigenschaftsirrtum und Kauf [1948] S. 187ff.; *U. Huber* ZGR 1 **1972** 395,der jedoch entgegen der h. M. § 477 BGB nicht anwenden will (aaO 418); *Loos* NJW **1962** 519; *Neumann-Duesberg* WM **1968** 494; *Palandt-Putzo* 34. Aufl. [1975] vor § 459, 3; *Soergel-Ballerstedt* § 433, 37; *Staudinger-Ostler* § 433, 31; *Wiedemann* Festschrift Nipperdey I, S. 815; **a. A.** noch RGZ **86** 146 und mit Einschränkungen RGZ **98** 289; **100** 203f.). Auch die Übertragung einer gewichtigen Anzahl von GmbH-Anteilen mit der erkennbaren Zweckbestimmung, dem Erwerber das Unternehmen als wirtschaftliche Einheit zu übertragen, löst die genannten Rechtsfolgen aus (BGH WM **1970** 819; OLG München NJW **1967** 1327; *Palandt-Putzo* aaO; *Wiedemann* aaO S. 835; im Ergebnis wohl auch *Soergel-Ballerstedt* aaO; einschränkend RG DR **1944** 485 m. Anm. *Dietrich*; *Erman-Weitnauer* aaO; *Flume* aaO S. 188; *Staudinger-Ostler* aaO). Bei mehreren Erwerbsakten kommt es darauf an, ob sich in den Einzelakten ein wirtschaftlich einheitliches Vorgehen zur Übernahme des Unternehmens abzeichnet. Das Unternehmen scheidet auch dann nicht als Kaufobjekt aus, wenn der Käufer bereits einen Teil der Geschäftsanteile besitzt (so aber *Soergel-Ballerstedt* § 443 Anm. 37). Nur wird hier eine Haftung des Verkäufers wegen eines Mangels der Sache vielfach wegen § 460 BGB entfallen.

Die Kriterien, unter denen der Kauf von Geschäftsanteilen dem Unternehmens- **63**
kauf gleichzusetzen ist, gelten auch für die Frage einer vormundschaftsgerichtlichen **Genehmigung** nach §§ 1821 Abs. 1 Nr. 1 und 1822 Nr. 3 sowie für die entsprechenden Regelungen über die Genehmigung des Ehegatten nach § 1424 BGB und die behördliche Genehmigung nach § 2 GrundstücksverkehrsG. Sind Liegenschaften

von der Übertragung betroffen, so ist durch § 15 Abs. 2 und 3 GmbHG auch die Einhaltung der Form des § 313 BGB gewährleistet.

VIII. Steuerrecht

Schrifttum. *Brönner* Die Besteuerung der Gesellschaften, 13. Aufl. (1974) S. 299; *Bühler* Steuerrecht der Gesellschaften und Konzerne, 3. Aufl. (1956) S. 171ff.; *Meilicke* Durchgriff im Steuerrecht, BB **1964** 143ff.; *Raupach* Der Durchgriff im Steuerrecht (1968); *Tröster* Die Einmann-GmbH (1971) S. 116ff.; *Voss* Steuerliche Aspekte bei Entstehung von Einmann-GmbH, GmbH-Rdsch. **1972** 9ff.; *Wilser* Der Durchgriff bei Kapitalgesellschaften im Steuerrecht (1960) und dazu *Wiethölter* ZHR 125 **1963** 324ff.

1. Allgemeines

64 Grundsätzlich sind **Gesellschaft** und **Alleingesellschafter getrennte Steuerrechtssubjekte** (st. Rspr. zum Körperschaftssteuerrecht seit RFH RStBl. **1931** 741; vgl. RFH RStBl. **1936** 682 und BFH BStBl. **1956** III 95). Das Steuerrecht respektiert grundsätzlich die zulässige zivilrechtliche Gestaltung (BVerfG **13** 331; **18** 224; **24** 112 und 174). Aus Gründen der einheitlichen Besteuerung (Art. 3 Abs. 1 GG, § 1 Abs. 3 und § 6 StAnpG) kann sich aber im Rahmen einzelner — teils gesetzlich formulierter — Tatbestände eine Identifikation von Gesellschaft und Gesellschafter aufgrund der sogenannten wirtschaftlichen Betrachtungsweise ergeben. Wegen der Eigenart des in erster Linie fiskalischen Zwecken dienenden Steuerrechts ist der Gesetzgeber und die Auslegungspraxis der Gerichte nicht gehalten, durchgängig an die bürgerlichrechtliche Ordnung anzuknüpfen (BVerfG **13** 331, 339f.; **24** 112, 117f.; **25** 309, 313). Auch für das Steuerrecht ist nicht von einer einheitlichen und allgemeinen Durchgriffsdoktrin (vgl. aber *Raupach*, insbes. S. 39 und *Wilser* aaO) auszugehen; allenfalls mag man die Zusammenfassung der Ergebnisse mit dem Begriff „Durchgriff" umschreiben (vgl. etwa: BVerfG **13** 331, 340). Vielmehr handelt es sich auch hier um spezifische Normanwendungsprobleme unter besonderer Berücksichtigung der Zwecke der zivilrechtlichen Gestaltung einerseits und der Besteuerung andererseits (vgl. *Tröster* S. 116ff.; *Wiethölter* ZHR 125 **1963** 324). In Zweifelsfällen kann erheblich sein, inwieweit sich der Alleingesellschafter durch organisatorische Differenzierung und sachgerechte Kapitalisierung dem gesellschaftsrechtlichen Leitbild der Mehrmanngesellschaft angenähert hat; schuldrechtliche Vereinbarungen zwischen der Gesellschaft und dem sie beherrschenden Gesellschafter werden steuerlich nur dann anerkannt, wenn sie im voraus und klar und eindeutig getroffen worden sind (BFH BStBl. **1956** III 288, st. Rspr.).

In einer Reihe von gesetzlichen Vorschriften ist der **Alleingesellschafter** unmittelbar **Anknüpfungspunkt steuerrechtlicher Zurechnung** (vgl. § 1 Abs. 3 Nr. 1 GrEStG; § 7 Abs. 1 Nr. 2 KVStG und § 3a Nr. 1 VStG), in anderen der „qualifizierte Mehrheitsgesellschafter" (vgl. § 2 Abs. 2 Nr. 2 UStG; §§ 16 Abs. 1 Nr. 1, 17 EStG; § 105 AO).

Wegen der Steuerprobleme im Rahmen der **Organschaft** vgl. Anhang II zu § 13, 10, 35.

2. Steuerprobleme bei Gründung und Veräußerung

65 Bei der Strohmanngründung wird der Treugeber für die Zwecke der Gesellschaftssteuer (§ 2 Abs. 1 Nr. 1 KVStG) und der Börsenumsatzsteuer (§ 22 Nr. 2 KVStG) als erster Erwerber angesehen (st. Rspr. seit RFH RStBl. **1925** 57; d. h. der

Erwerb der Anteile ist für ihn gesellschaftssteuerpflichtig, nicht aber börsenumsatzsteuerpflichtig (vgl. im einzelnen die kritische Stellungnahme von *Brönner-Kamprad* Kommentar zum KVStG, 2. Aufl. [1973] § 2, 29 und § 22, 4).

Nach Erwerb aller Anteile durch Mantelkauf ist die Zuführung von Mitteln bei Zweckänderung nach § 2 Abs. 1 Nr. 1 KVStG oder sonst nach § 2 Abs. 1 Nr. 4 KVStG gesellschaftssteuerpflichtig.

Die Reaktivierung des Mantels bei Änderung des persönlichen und sachlichen Substrats berechtigt nicht zum Verlustabzug nach § 10d EStG und § 6 KStG in Verbindung mit § 15 KStDV, da trotz Fortbestand der Gesellschaft keine Personengleichheit des Steuerpflichtigen anzunehmen ist (BFH BStBl. **1966** III 289; bestätigt auf Verfassungsbeschwerde durch BVerfGE **25** 309; BFH BStBl. **1966** III 513; vgl. zur früheren Literatur und Rechtsprechung *Raupach* S. 117 und *Schlutius* GmbH-Rdsch. **1964** 129, 131.

Gehört zum Vermögen einer GmbH ein Grundstück, so wird bei Übertragung aller Anteile in eine Hand die Grunderwerbssteuer ausgelöst (§ 1 Abs. 3 Nr. 1 GrEStG i. d. F. des Beschlusses des Bundesverfassungsgerichts vom 10. 6. 1963 [BGBl. I, 504] und § 1 Abs. 3 Nr. 2 GrEStG). Der Anteil des Treuhänders wird einheitlich mit dem Anteil des Treugeber-Gesellschafters behandelt (vgl. wegen der Einzelheiten *Borutta-Klein*, GrEStG 8. Aufl. [1965] § 1, 166ff.). Bei der Strohmanngründung, bei der ein Grundstück eingebracht wird, tritt die steuerpflichtige Anteilsvereinigung mit der Entstehung der Gesellschaft durch Eintragung im Handelsregister ein (vgl. BFH BStBl. **1972** II 719).

Der Gewinn bei Veräußerung einer hundertprozentigen Beteiligung an einer GmbH unterliegt § 7 GewStG, soweit es sich nicht um einen bloßen Aufgabegewinn handelt (BFH **105** 31 = BStBl. **1972** II 468 und dazu *Wihtol* GmbH-Rdsch. **1973** 60).

3. Besonderheiten der laufenden Besteuerung

a) Gesellschafterdarlehen

Die Gewährung von Darlehen des Alleingesellschafters an die Gesellschaft kann **66**
sich als eine durch die Sachlage gebotene Kapitalzuführung darstellen. Nach Streichung von § 3 KVStG durch Gesetz vom 23. 12. 1971 ist darüber unter Zugrundelegung von § 6 StAnpG zu entscheiden. Stellt sich hiernach ein Darlehen als Kapitalzuführung dar, so sind Zinszahlungen als verdeckte Gewinnausschüttung der Gesellschaft zu behandeln (§ 6 Abs. 1 Satz 2 KStG); das gleiche gilt für überhöhte Zinsen, auch soweit das Darlehen als solches anzuerkennen ist (vgl. § 19 Nr. 5 KStDV).

b) Gesellschaftsdarlehen

In einem Darlehen der Gesellschaft an den Alleingesellschafter kann eine ver- **67**
deckte Gewinnausschüttung liegen (vgl. § 19 Nr. 3 und 4 KStDV). Bereits die Gewährung des Darlehens, nicht erst der Verzicht auf Rückzahlung ist in diesem Fall für die Besteuerung maßgeblich (RFH RStBl. **1934** 714).

c) Geschäftsführergehälter

Geschäftsführergehälter werden bei Vorliegen eines ernsthaften Anstellungs- **68**
verhältnisses auch bei der Einmanngesellschaft anerkannt, soweit das Gehalt oder eine sonstige Vergünstigung nicht unangemessen hoch ist (vgl. § 19 Nr. 1 und 2 KStDV); beim überschießenden Betrag handelt es sich um verdeckte Gewinnausschüttung. Eine unter dem Gesichtspunkt der verdeckten Gewinnausschüttung zu

überprüfende Vergütung kann auch darin liegen, daß die Gesellschaft Verluste des Alleingesellschafters aus anderen Geschäften übernimmt (vgl. RFH RStBl. **1936** 696). Für das Vorliegen des Anstellungsverhältnisses spricht bei der Einmanngesellschaft keine Vermutung (BFH BStBl. **1955** III 397). Zu den Anforderungen an die Ernsthaftigkeit der Vereinbarung vgl. BFH BB **1974** 1557.

d) Pensionszusagen

69 Ob jährliche Zuführungen zu Pensionsrückstellungen als Betriebsausgaben anzuerkennen sind, hängt von der Ernsthaftigkeit der Versorgungszusage ab. Diese kann nicht generell deshalb verneint werden, weil die spätere Pensionszahlung im Belieben der Gesellschaft stehe. Während die Rechtsprechung die Ernsthaftigkeit früher nur bejahte, wenn spezifische und objektiv überprüfbare Tatsachen für die Einhaltung der Pensionszusage sprachen (vgl. etwa BFH **77** 61; dazu im einzelnen *Brönner*, S. 304ff.), erkennt BFH GmbH-Rdsch. **1974** 117 ihre steuerliche Wirksamkeit schon für den Fall an, daß die Pension vereinbarungsgemäß laufende Bezüge im Versorgungsfall ablöst und insgesamt angemessen erscheint.

IX. Rechtsvergleichender Überblick

70 Das Problem der Einmanngesellschaft findet bei den entsprechenden „kleinen" Kapitalgesellschaften in den europäischen Rechtsordnungen im wesentlichen drei unterschiedliche Lösungen: Zulassung des Einzelunternehmens mit beschränkter Haftung von der Gründung an (Rdn. 71); uneingeschränkte oder eingeschränkte Zulassung nach abgeleiteter Gründung (Rdn. 72ff.); grundsätzliches Verbot (Rdn. 75). Faktisch laufen allerdings auch die Lösungen, die eine Einmanngesellschaft jedenfalls übergangsweise anerkennen, aber das Trennungsprinzip aufheben (Rdn. 74) auf eine Unterdrückung der Einmanngesellschaft hinaus. Andererseits ermöglicht auch in den Staaten, die der Einmanngesellschaft restriktiv gegenüberstehen, die durchweg anzutreffende formale Qualifikation der Gesellschaftereigenschaft Strohmannlösungen im Sinne einer Quasi-Einmanngesellschaft. Das **Recht der Europäischen Gemeinschaft** (Erste Richtlinie des Rates der Europäischen Gemeinschaften vom 9. 3. 1968 — Amtsblatt Nr. L 65 vom 14. 3. 1968) überläßt es den staatlichen Rechtsordnungen, die Zahl der notwendigen Gründungsmitglieder zu bestimmen.

Insgesamt geht die Entwicklung seit der Untersuchung *Hallsteins* (RabelsZ 12 **1938/39** 341, 428) in Richtung einer mehr oder minder offenen Zulassung von Einmanngesellschaften (vgl. hierzu auch *Cohn* und *C. Simitis* International & Comparative Law Quarterly 12 **1963** 189, 217, 220 *Rotondi*; ZHR 131 **1968** 330ff. *Schanze* [1975]). Bemerkenswert sind in jüngerer Zeit vor allem die gesetzlichen Änderungen in Dänemark (Rdn. 71), den Niederlanden (Rdn. 72) und Frankreich (Rdn. 73).

1. Einzelunternehmen mit beschränkter Haftung

71 Die auf Anregung von *Pisko* (Die beschränkte Haftung des Einzelkaufmannes, GrünhutsZ 37 **1910** 699) in **Liechtenstein** 1926 gesetzlich eingeführte Unternehmensform des Einzelunternehmens mit beschränkter Haftung (Art. 834-896 Personen- und Gesellschaftsrecht — 3. Teil des Liechtensteinischen Zivilgesetzbuches) hat in ihrer detaillierten Regelung keine Nachahmung gefunden. Zu einem ähnlichen Ergebnis führt jedoch die neue **dänische** Lösung. Nach § 3 des dänischen Gesetzes über Anteilsgesellschaften (lov om anpartsselskaber, Nr. 371 vom 13. 6. 1973) kann die Gesellschaft auch von einem Mitglied gegründet werden.

2. Zulassung nach abgeleiteter Gründung

a) Uneingeschränkte Zulässigkeit unter Anerkennung des Trennungsprinzips

Die in **Deutschland** und **Österreich** bereits länger praktizierte Lösung, zwar **72**
bei der Gründung eine Gesellschaftermehrzahl zu fordern, aber die Übertragung aller Anteile auf einen Gesellschafter zuzulassen (für Österreich vgl. *Demelius* Die Einmann-Gesellschaften im österreichischen Rechtsleben und *Kastner* Die Einmann-Gesellschaft im österreichischen Recht, beide in Österreichische Landesreferate zum VII. Internationalen Kongreß für Rechtsvergleichung in Uppsala 1966 [1967] S. 71ff. und 87ff.) ist in den **Niederlanden** bei der 1971 eingeführten besloten venootschap met beperkte aansprakelijkheid (b. v.) übernommen worden (vgl. Art. 36a in Verbindung mit Art. 57c wetboek van koophandel); dazu *Bärmann* GmbH-Rdsch. **1972** 246.

b) Eingeschränkte Zulässigkeit

Eine Reihe von Staaten läßt die Einmanngesellschaft nur als Übergangslösung **73**
gelten. In der **Schweiz** kann nach Art. 775 Abs. 2 OR ein Gläubiger die gerichtliche Auflösung der Einmann-GmbH verlangen. Jedoch hat der Richter im Verfahren dem Alleingesellschafter zunächst eine angemessene Frist zur Wiederherstellung des gesetzlich vorgesehenen Zustands zu setzen. Zwischenzeitlich treten keine Sanktionen ein. So ist die Einmanngesellschaft zwar rechtswidrig (BGE **64,** 361), aber durchaus praktikabel (vgl. *Guhl-Merz-Kummer* Das Schweizerische Obligationenrecht, 6. Aufl. [1972] § 74 II 6, S. 664). **Frankreich** hat seit 1966 (loi n. 66—537 sur les sociétés commerciales) den Standpunkt der grundsätzlichen Nichtigkeit der Einmanngesellschaft für die société à responsabilité limitée (S. A. R. L.) aufgegeben (zum früheren Zustand *Hémard* La société d'une seule personne, Etudes de droit contemporain, VIIe Congrès international de droit comparé Uppsala 1966, S. 267). Ähnlich wie nach dem Recht der Schweiz kann bei einjähriger Vereinigung aller Anteile in einer Hand ein durch diesen Zustand gefährdeter Gläubiger die gerichtliche Auflösung verlangen (Art. 9 des Gesetzes; vgl. auch Einl. B. 269); dazu im einzelnen: *v. Holleben* Die rechtliche Struktur der Handelsgesellschaft im französischen Recht unter besonderer Berücksichtigung der Einmanngesellschaft, Diss. Hamburg (1969) S. 101ff.; *Ilgen* S. 76ff; rechtspolitisch: *Aussedat* Société unipersonnelle et patrimoine d'affectation, Revue des sociétés **1974** 221. Im Konkurs kommt nach Art. 99, 101 des Konkursgesetzes (loi n. 67—563) unter bestimmten Voraussetzungen eine persönliche Ausfallhaftung in Betracht; vgl. *Zimmermann* Die Haftung von Geschäftsführer und Gesellschafter bei Insolvenz der GmbH in Frankreich, Diss. Freiburg (1971).

c) Aufhebung des Trennungsprinzips

Nach common law wird in **England** (ebenso in **Schottland**) seit der Grundsatz- **74**
entscheidung Salomon v. Salomon & Co. Ltd [1897] A. C. 22 H. L. die postnatale Einmanngesellschaft als zulässig angesehen; jedoch bestimmt Companies' Act 1948 sec. 31 für die private company, daß sechsmonatiger Mangel der Mitgliedermehrzahl bei Kenntnis des Gesellschafters zur unmittelbaren Haftung führt; in der Praxis wird stets der (zulässige) Weg der Zuziehung eines nominellen Gesellschafters gewählt (vgl. *Gower* [*Wedderburn, Weaver, Park*] The Principles of Modern Company Law 3. Aufl. [1969] S. 190f. und *Palmer's* Company Law [*Schmitthoff, Thompson*] [1968] S. 97f.). **Italien** läßt zwar die Einmanngesellschaft grundsätzlich zu, doch statuiert Art. 2497 Abs. 2 Codice civile für die società a responsabilità limitata (S. A. R. L.) die

unmittelbare persönliche Haftung eines Gesellschafters, in dessen Hand alle Anteile zusammenfallen. Damit rückt die italienische Lösung in ihrer Wirkungsweise in die Nähe einer Verbotskonzeption. Vgl. dazu *Grisoli* Le societa con un solo socio (1971) mit Nachweisen zur restriktiven Interpretation der Vorschrift (S. 363ff.).

3. Unzulässigkeit der Einmanngesellschaft

75 Nach **belgischem** und **luxemburgischen** Recht verstößt die Einmanngesellschaft gegen den ordre public und ist damit nichtig (vgl. *Frédéricq* Précis de droit commercial [1970] S. 429f.; *Lutter* Die GmbH in Belgien — Gesellschaftsrecht und Steuerrecht [1966] S. 5). Allerdings ist eine nur formelle Gesellschafterstellung nicht ohne weiteres angreifbar (vgl. für Belgien: *del Marmol-Dabin* in Jura Europae — Droit des Sociétés-Gesellschaftsrecht Bd. I, Nr. 20.20.2; für Luxemburg: Handbuch des Niederlassungsrechts, Stichwort Luxemburg 3010 mit Hinweis auf die Existenz von professionalisierten Treuhandstellen für Holding-Gesellschaften).

X. Die Einmanngesellschaft im Internationalen Privatrecht

76 Die Tatsache, daß die einzelnen nationalen Rechtsordnungen dem Mangel der Gesellschaftermehrzahl unterschiedliche Bedeutung beimessen, führt zu besonderen kollisionsrechtlichen Problemen. Der BGH hat die Frage, ob ein Alleingesellschafter persönlich in Anspruch genommen werden kann, als Frage der Rechtsfähigkeit der juristischen Person und damit des Personalstatuts formuliert (BGH WM **1957** 1047, 1049 unter Bezugnahme auf *Fikentscher* MDR **1957** 71, 73; zustimmend *Soergel-Kegel* vor Art. 7 EGBGB, 158). Zum Personalstatut im allgemeinen vgl. Einl. B. 73ff. Doch dürfte hier eine gewisse Differenzierung zwischen dem Problem der Anerkennung einer Einmanngesellschaft und dem Problem der Haftung des Alleingesellschafters angebracht sein. Soweit es um die Anerkennung der Einmanngesellschaft als einer selbständigen juristischen Wirkungseinheit geht, sollten die Gestaltungsinteressen des Gesellschafters grundsätzlich durch Anwendung des Personalstatuts berücksichtigt werden. Die unter dem Stichwort des Durchgriffs behandelten Probleme sind dagegen auch in kollisionsrechtlicher Hinsicht nicht in erster Linie unter der Perspektive einer Relativierung der nach dem Personalstatut zu beurteilenden Rechtsfähigkeit zu sehen, sondern unter dem Gesichtspunkt, daß über die Aufhebung des Trennungsprinzips nur jeweils im Rahmen der Anwendung bestimmter Normen entschieden werden kann. Daher wird man sich hier kollisionsrechtlich von der statutenmäßigen Zugehörigkeit der durch die Sachnorm bestimmten Beziehung — beispielsweise zum Vertragsstatut, Deliktsstatut, Sachstatut oder Statut des öffentlichen Rechts einschließlich des Steuerrechts — leiten lassen müssen (vgl. zur kollisionsrechtlichen Problematik außer den Schrifttumsangaben in Einl. B vor 1 *Koppensteiner* und *Rehbinder*, in: Colloque international sur le droit international privé des groupes de sociétés [1973] S. 79, 126; *Müller* Kollisionsrechtliche Probleme der Durchgriffslehre bei Kapitalgesellschaften, Diss. Frankfurt [1974]; *Rehbinder* Das auf multinationale Unternehmen anwendbare Recht, in: Deutsche zivil- und kollisionsrechtliche Beiträge zum IX. Internationalen Kongreß für Rechtsvergleichung in Teheran 1974 [1974] S. 122, 130ff.; *H. P. Westermann* Das Gesellschaftsrecht in der Methodendiskussion um das Internationale Privatrecht ZGR 4 **1975** 68ff.).

ANHANG II

Die GmbH im Konzernverband

Übersicht

Einleitung

1 Ein deutsches Konzernrecht als in sich geschlossene Regelung gibt es erstmals seit dem Inkrafttreten des AktG 65. Zwar kannte das AktG 37 bereits eine Anzahl konzernrechtlicher Bestimmungen — insbesondere in § 15 eine Definition des Konzerns und des Konzernunternehmens —, es regelte aber nur einzelne Probleme wie Erwerb eigener Aktien durch abhängige Unternehmen, Auskunftserteilung über Beziehungen zu Konzernunternehmen, besondere Offenlegungspflicht für gewisse konzernrechtliche Beziehungen in dem Jahresabschluß und im Geschäftsbericht, Pflicht zur Zustimmung der Hauptversammlung bei Gewinngemeinschaften und dgl. Seit dem 1. 1. 65 aber hat die Bundesrepublik als erster Staat eine zwar in ihrer Vollständigkeit, ihrer grundsätzlichen Regelung — insbesondere bei dem faktischen Konzern — und ihren Einzelheiten viel kritisierte Kodifikation, die das Konzernrecht, genauer das Recht der verbundenen Unternehmen, als ein Ganzes sieht und als Ganzes zum Gegenstand ihrer Regelung macht. Aber dieses Konzernrecht ist als Teil des Aktiengesetzes und damit abhängig von der Rechtsform der AG konzipiert und greift deshalb nur ein, wenn im Verbund eine AG oder KGaA beteiligt ist, oder soweit von der Interessenlage der AG oder KGaA aus eine Einbeziehung eines in anderer Rechtsform geführten Unternehmens erforderlich erscheint. Eine allerdings nicht im Aktiengesetz, sondern in §§ 11ff. der sogen. Publizitätsgesetzes vom 15. 8. 1969 enthaltene Ausnahme macht nur die Rechnungslegungspflicht im Konzern, die entsprechend den Größenverhältnissen ohne Rücksicht auf die Rechtsform eingreift. Außerhalb des von dieser Ausnahme belegten Bereichs gibt es ein eigenständiges Konzernrecht der GmbH nicht. Das GmbH-Gesetz enthält nicht einmal wie das AktG 37 einzelne konzernrechtliche Bestimmungen, weil es seit seiner Neufassung vom 20. 4. 1898 nur geringen Änderungen unterzogen worden ist und dem Gesetzgeber von 1898 konzernrechtliche Fragen als regelungsbedürftig unbekannt waren. Der RegE eines GmbH-Gesetzes 72 bringt nunmehr in seinem 2. Buch (§§ 230—266), allerdings in einer fast sklavischen Anlehnung an die aktienrechtliche Regelung, ein Konzernrecht der GmbH, dessen grundsätzliche Regelung in Rdn. 53ff. besprochen wird.

2 Die Tatsache, daß nach dem derzeit geschriebenen Recht die GmbH nur im Verbund mit AG und KGaA einzelnen Bestimmungen des aktienrechtlichen Konzernrechts und bei entsprechenden Größenverhältnissen den Konzernrechnungslegungspflichten des Publizitätsgesetzes unterliegt, ändert aber nichts daran, daß auch außerhalb dieses gesetzlich belegten Bereichs die im wirtschaftlichen Leben nun einmal bestehende Verflechtung von GmbHs mit anderen Unternehmen ihre Probleme aufwirft und zu ihrer rechtlichen Beurteilung auch dann zwingt, wenn keine speziellen Gesetzesvorschriften bestehen. Auch unter GmbHs gibt es oft Gewinnabführungsvereinbarungen, Betriebspacht- und -überlassungsverträge, werden abhängige GmbHs öfters ohne den Bestand eines Beherrschungsvertrags dem Willen einer herrschenden GmbH unterworfen, liegen bisweilen Geschäftsanteile einer herrschenden GmbH bei einer von ihr abhängigen GmbH, besteht eine wechselseitige Beteiligung und dgl. mehr. Die Lösungen für diese Probleme müssen dann, weil das Gesetz selbst schweigt, aus allgemeinen Rechtsgrundsätzen oder aus Analogien zum Aktiengesetz gewonnen werden und sind in der Praxis — bei den Unternehmesverträgen unter Führung des Steuerrechts — weitgehend entwickelt worden. Insoweit gibt es auch ein Konzernrecht der GmbH, in das der gesetzlich geregelte Teilbereich einzubeziehen ist und das im folgenden darzustellen ist.

I. Arten der Unternehmensverbindungen

Eine besondere Terminologie für die einzelnen Arten der Unternehmensverbindungen enthalten §§ 15—19 AktG. Da das Konzernrecht seinem Wesen nach rechtsformunabhängiges Unternehmensrecht ist, stellen diese Vorschriften konsequenterweise auf das Unternehmen und nicht auf die AG ab. Darin kommt zum Ausdruck, daß sie über das Aktienrecht hinaus für alle Unternehmen und damit auch für die GmbH gelten sollen und schlechthin die Terminologie des Konzernrechts enthalten. Natürlich könnte ein als ausgesprochenes Unternehmensrecht konzipiertes Konzernrecht oder auch ein GmbH-Konzernrecht eine andere Terminologie verwenden. Das aber ist nicht zu erwarten, wie § 8 RegE zeigt, der in Abs. 1 die Aufzählung der verbundenen Unternehmen aus § 15 AktG wiederholt und in Abs. 2 für die einzelnen Arten der verbundenen Unternehmen auf die sinngemäß anzuwendenden §§ 16—19 AktG verweist. Es sollte deshalb auch für das GmbH-Konzernrecht von den aktienrechtlichen Begriffsbestimmungen ausgegangen werden. 3

Auf eine eigenständige Erläuterung dieser Begriffsbestimmungen wird hier verzichtet und auf die bereits vielfach kommentierte aktienrechtliche Literatur verwiesen. Vgl. insbesondere *Würdinger* GroßkomAktG §§ 15—19 nebst Vorbemerkungen; *Biedenkopf-Koppensteiner* KölnKomAktG §§ 15—19 nebst Vorbemerkung; *Gessler* Gessler-Hefermehl-Eckardt-Kropff AktG §§ 15—19; *Würdinger* Aktien- und Konzernrecht 3. Aufl. § 51 ff. S. 241 ff.; *Emmerich-Sonnenschein* Konzernrecht S. 18 ff. sowie die dortigen Literaturangaben. Hier werden nur etwaige Besonderheiten, die sich für die GmbH als verbundenes Unternehmen ergeben, angesprochen.

1. Unternehmen

Aus dem ziemlich strittigen Unternehmensbegriff — vgl. die eingehende Darstellung bei *Gessler* aaO. § 15 Rdn. 6—59 — interessiert hier insbesondere die Frage, ob die GmbH wegen § 13 Abs. 3 als Handelsgesellschaft auch dann Unternehmen im Sinne des Konzernrechts ist, wenn sie sich außerhalb der Ausübung ihrer Beteiligungsrechte wirtschaftlich nicht betätigt. Über die verschiedenen Meinungen vgl. (bejahend) *Hefermehl* Festschrift für Gessler S. 216; *Adler-Düring-Schmaltz* Exkurs zu § 15 Rdn. 10 und (verneinend) *Gessler* aaO. § 15 Anm. 30, 31 sowie *Würdinger* Festschrift für Kunze S. 182. Sicherlich liegt die unmittelbare Bedeutung des § 13 Abs. 3 nur darin, Kaufmannsrecht auf jede GmbH anzuwenden; aber damit wird doch auch die GmbH ohne Rücksicht auf die bei ihr vorliegenden besonderen Verhältnisse (z. B. keine eigene wirtschaftliche Betätigung) mit einem Kaufmann und damit mit einem sich wirtschaftlich betätigenden Unternehmen identifiziert. Wollte man trotzdem eine nur ihre Beteiligungen verwaltende, sich unternehmerisch aber nicht betätigende GmbH nicht als Unternehmen ansehen, so könnte die im Besitz dieser GmbH befindliche Tochter-GmbH ohne Rücksicht auf die §§ 30, 33 die Anteile der Mutter-GmbH und damit doch ihre eigenen Anteile erwerben. Insoweit besteht schon ein Unterschied, ob der Gesellschafter eine natürliche Person oder eine Kapitalgesellschaft ist, ein Faktum, auf das *Gessler* aaO. Rdn. 32 selbst aufmerksam macht. 4

2. Verbundene Unternehmen

§ 15 AktG kennt 5 Tatbestände verbundener Unternehmen, nämlich Mehrheitsbeteiligung, Abhängigkeit, Konzern, wechselseitige Beteiligung und Unternehmensvertrag. Es bestehen keine Bedenken, diese Tatbestände auch in ein bereits geltendes GmbH-Recht zu übernehmen, wie sie ja auch in § 8 RegE für das künftige GmbH- 5

Konzernrecht vorgesehen sind. Zwar sind auch andere Unternehmensverbindungen — und zwar gerade bei GmbHs — denkbar, z. B. gleicher oder annähernd gleicher oder durch Poolabsprachen gebundener Gesellschafterkreis verschiedener nicht unter einheitlicher Leitung stehender Unternehmen. Jedoch lohnt es nicht, auch derartige Verbindungen zwischen verschiedenen Unternehmen in den Kreis der verbundenen Unternehmen — trotz Nichtgeltung des § 15 AktG für einen ohne Beteiligung einer AG oder KGaA bestehenden Verbund von Unternehmen — einzubeziehen, da sich allgemeiner zu formulierende Rechtsfolgen konzernrechtlicher Art aus der bisherigen Praxis nicht entwickelt haben. Darüberhinaus wäre es unzweckmäßig, für das GmbH-Recht einen anderen Begriff der verbundenen Unternehmen zu schaffen als für das geltende Aktienrecht.

3. Mehrheitsbesitz

6 Die Begriffsbestimmung des § 16 AktG ist auch im Bereich der GmbH zweckmäßig und deshalb zu übernehmen. Zu beachten ist aber, daß die GmbH-Praxis sehr viel häufiger eine Abweichung zwischen Kapital- und Stimmbeteiligung und eine Differenzierung von Mehrstimmrechten je nach Beschlußgegenstand kennt, z. B. Mehr- oder Sonderstimmrecht nur bei Bestellung von Geschäftsführern, bei Wahl von Aufsichtsratsmitgliedern, bei Genehmigungen im Rahmen einer Anteilsvinkulierung, bei Weisungen für bestimmte Geschäfte und dgl. mehr. Bei einem derartigen, auf gewisse Beschlußgegenstände beschränkten Mehr- oder Vorzugsstimmrecht kann es im Einzelfall zweifelhaft sein, ob man davon sprechen kann, daß einem Unternehmen bei einer GmbH die Mehrheit der Stimmrechte zusteht. Denn die Charakterisierung einer GmbH als im Mehrheitsbesitz eines anderen Unternehmens stehend ist keine auf den einzelnen Beschlußgegenstand bezogene, sondern eine generelle. Man wird deshalb gewichten und nach der Gesamtbedeutung der einzelnen von den Mehr- oder Sonderstimmrechten betroffenen Beschlußgegenstände auf das Leben der Gesellschaft entscheiden müssen, ob das mehr- oder sonderstimmberechtigte Unternehmen im Sinne des § 16 AktG die Mehrheit der Stimmrechte besitzt. Von besonderem Gewicht wird dabei die Geschäftsführerbestellung und die Weisungsbefugnis für die Geschäftspolitik sein.

4. Abhängigkeit

7 Die Mittel zur Begründung der Abhängigkeit sind bei der GmbH die gleichen wie im allgemeinen Unternehmensrecht. Besonders hervorzuheben ist, daß die GmbH durch die weitgehende Freiheit ihrer Satzungsgestaltung anders als die AG auch durch Satzungsbestimmungen der Herrschaft eines anderen Unternehmens unterworfen werden kann, z. B. durch die einem anderen Unternehmen statutarisch eingeräumte Befugnis, Geschäftsführer zu bestellen und abzuberufen, Aufsichtsratsmitglieder ohne die zahlenmäßige Beschränkung des § 101 Abs. 2 S. 4 AktG zu entsenden, Weisungen in Geschäftsführungsfragen zu erteilen und dgl. mehr. Auch die übliche und häufigste Art der Beherrschung durch Mehrheitsbeteiligung ist bei der GmbH eine unmittelbarere als bei der AG; während sie bei der AG, wenn sich die Herrschaft im Rahmen der gesetzlichen Ordnung hält, des Mittels der Aufsichtsratsbesetzung bedarf, wirkt sie bei der GmbH unmittelbar. Denn die Gesellschafterversammlung ist zuständig für Bestellungen und Abberufungen der Geschäftsführer und kann in die Geschäftsführung jederzeit durch Erteilung von Weisungen eingreifen. Besonders anzumerken ist, daß bei der in der Praxis häufigen Ausgestaltung

einer GmbH & Co KG, bei der die gesamten Geschäftsanteile der Komplementär-GmbH sich im Besitz der KG befinden, die GmbH abhängiges Unternehmen der KG ist, auch wenn sie als Komplementär in die KG integriert ist. Auch daraus ergibt sich dann die in der Einleitung Rdn. 37 gezogene Folgerung, daß das GmbH-Vermögen, soweit es zur Erhaltung des Stammkapitals erforderlich ist, nicht zur Belegung des Kapitals der KG verwendet werden kann (unten Rdn. 14).

5. Konzerne

Für die Ausübung einer einheitlichen Leitung durch eine herrschende GmbH **8**
ergeben sich keine besonders hervorzuhebende Eigenheiten. Für die GmbH als Konzernuntergesellschaft ist aber darauf hinzuweisen, daß sie durch die Weisungsunterworfenheit ihrer Geschäftsführung unter die Gesellschafterversammlung und damit unter den Allein- oder Mehrheitsgesellschafter ohne Beherrschungsvertrag unmittelbar völlig legal der Leitung des herrschenden Unternehmens untersteht, was einmal den Beherrschungsvertrag zurückdrängt und zum anderen den Unterschied zwischen vertraglichem und faktischem Konzern nivelliert (Rdn. 30). Da sich die GmbH als das einer einheitlichen Leitung unterworfene Unternehmen in der Praxis regelmäßig im 100%igen Besitz der Konzernobergesellschaft befindet, entstehen in der Praxis nur selten irgendwelche, den Schutz von Minderheiten betreffenden Probleme, sondern häufiger solche des Gläubigerschutzes und damit der Kapitalsicherung. Dabei ist auch auf einen wesentlichen Unterschied in der Kapitalbindung einer GmbH — sie betrifft nur das dem Stammkapital entsprechende Vermögen — gegenüber der einer AG — sie stellt lediglich den Bilanzgewinn zur Verfügung der Aktionäre — hinzuweisen. Die Frage der Konzernaußenhaftung erhält damit für die GmbH als leitungsunterworfenes Unternehmen eine größere Bedeutung (Rdn. 48ff.).

Häufig findet sich bei GmbHs die Gestaltung, daß einer Gesellschaftergruppe oder Familie mehrere GmbHs gehören, die teils in enger Zusammenarbeit tätig werden, teils völlig unabhängig voneinander und vielfach auch auf verschiedenen Fachgebieten arbeiten. Da die Gesellschaftergruppe oder Familie in aller Regel nicht als Unternehmen angesprochen werden kann, liegt ein Unterordnungskonzern nicht vor. Jedoch wird man meist einen Gleichordnungskonzern annehmen können, da hier die einheitliche Leitung gemäß § 18 Abs. 2 AktG nicht durch ein Unternehmen ausgeübt zu werden braucht und damit eine personelle Verflechtung in den Verwaltungsorganen ausreichen kann (*Würdinger* GroßkommAktG § 18 Anm. 13; *Emmerich-Sonnenschein* Konzernrecht S. 38; *Gessler* aaO. § 17 Rdn. 57, § 18 Rdn. 74), aber auch auf Gesellschafterebene ausreichen muß.

6. Wechselseitige Beteiligung

Eine wechselseitige Beteiligung ist bei der GmbH zwar nicht sehr häufig, kommt **9**
aber doch gelegentlich vor. Sie ist auch hier ebenso wie bei der AG in erster Linie ein Problem der Kapitalrückgewähr (*Hettlage* AG 67, 249ff.), im übrigen auch ein Problem der Verzerrung der Stimmrechtsverhältnisse. Das gegenseitige Kennen der beteiligten Gesellschaften von der wechselseitigen Beteiligung wirft bei der GmbH kaum Probleme auf. Einmal bedingt der stark personalisitsche Charakter der GmbH meist ein genaues Wissen über die Zugehörigkeit der Beteiligten, zum anderen erfordert § 16 die Anmeldung des Erwerbers als Voraussetzung für die Geltendmachung seiner Gesellschaftsrechte.

7. Unternehmensverträge

10 Unternehmensverträge sind bei der GmbH verhältnismäßig häufig. Die Steuerrechtsprechung hat gerade bei der GmbH den sogenannten Ergebnisausschlußvertrag zur Entwicklung gebracht. Das frühere Umsatzsteuerrecht hatte Umsätze zwischen verbundenen Unternehmen dann als steuerfreien Innenumsatz behandelt, wenn die Untergesellschaft finanziell, wirtschaftlich und organisatorisch in die Obergesellschaft eingegliedert und damit deren Organ war (vgl. § 2 Abs. 2 Ziff. 2 UStG 67). Unter den gleichen Voraussetzungen hatte das Gewerbesteuergesetz die Organgesellschaft als bloße Betriebsstätte der Obergesellschaft, des Organträgers, behandelt (vgl. § 2 Abs. 2 Ziff. 2 S. 2 GewStG i. V. mit § 7a Abs. 1 Ziff. 1 und 2 KStG). Um aber auch körperschaftssteuerrechtlich eine Einheit zwischen Organträger und Organ herzustellen, verlangte die Rechtsprechung den Abschluß eines Ergebnisausschlußvertrags (vgl. RFH **22,** 187ff. und **31,** 299ff.). Dieser Ergebnisausschlußvertrag, der im wesentlichen im Recht der GmbH entwickelt worden ist, ist die historische Grundlage des Gewinnabführungsvertrags des § 256 AktG 37 und des § 291 AktG 65. Nach Erlaß des AktG 65 hat das Steuerrecht dann in § 7a KStG seine Anforderungen an die Organschaft mit Ergebnisausschlußvertrag gesetzgeberisch formuliert und sie zum Teil weiter gestellt als das Aktiengesetz. Für die Gewinnabführung einer GmbH, die ohne steuerliche Anerkennung kaum realisierbar ist, werden deshalb in der Praxis auch immer die steuerrechtlichen Erfordernisse von gleicher Bedeutung wie die handelsrechtlichen sein.

Der reine Beherrschungsvertrag ist im Rahmen der GmbH von geringerer Bedeutung, weil, wenn die Satzung nichts anderes bestimmt, die Geschäftsführer sowieso den Weisungen der Gesellschafterversammlung und damit des Alleingesellschafters unterworfen sind. Der Beherrschungsvertrag kann also nur praktisch werden, wenn in der Obergesellschaft weitere Gesellschafter vorhanden sind. Gewinngemeinschaften und insbesondere Betriebspacht- und -überlassungsverträge sind dagegen im Gebiet der GmbH wesentlich häufiger als bei der AG.

11 Erwähnt sei in diesem Zusammenhang, daß das Konzernrecht der GmbH eine Eingliederung im Sinne der §§ 314ff. AktG nicht zuläßt. Diese Organisationsvorschriften greifen so weitgehend in das Gebiet der Hauptgesellschaft und der eingegliederten Gesellschaft und in die Haftungsverhältnisse ein, daß die Eingliederung trotz weitgehender Gestaltungsfreiheit bei der GmbH ohne die heute noch fehlende gesetzliche Grundlage nicht darstellbar ist. Der RegE will in §§ 256ff. die Eingliederung auch in das neue GmbH-Recht einführen.

II. Auswirkungen der Unternehmensverbindungen

12 Die Existenz von Unternehmensverbindungen hat Auswirkungen auf eine Anzahl verschiedener, das Leben der GmbH regelnder Normen. Sie betreffen einmal Bestimmungen der Kapitalerhaltung, zum anderen Rechte und Pflichten von Gesellschaftern und schließlich noch Rechnungslegung und Publizität. Diese Auswirkungen sind aber im GmbH-Gesetz nicht ausdrücklich angesprochen, weil der GmbH-Gesetzgeber von 1892 und 1898 den Tatbestand verbundener Unternehmen überhaupt nicht in seine Überlegungen einbezogen hat und die seither erfolgten Änderungen des GmbH-Gesetzes keine wesentlichen Eingriffe gebracht haben (Allgemeine Einleitung Rdn. 5). Da aber in der Praxis des Gesellschafts- und Unternehmensrechts das Vorhandensein verbundener Unternehmen nicht übergangen werden kann, stellen sich seine Auswirkungen, soweit der Kreis der verbundenen Unternehmen nur aus

GmbHs besteht, meist als Fragen analoger Anwendung aktienrechtlicher Vorschriften über verbundene Unternehmen dar. Denn das Recht der Aktiengesellschaft ist jeweils den Änderungen der wirtschaftlichen Verhältnisse angepaßt worden und hat von Reform zu Reform in immer stärkerem Maße konzernrechtliche Probleme geregelt, die sich meist in gleicher Form für die GmbH stellen. Soweit die aktienrechtlichen Regelungen das Verhältnis einer AG zu einer mit ihr verbundenen GmbH betreffen, gelten die aktienrechtlichen Vorschriften in der Regel unmittelbar auch für die GmbH (vgl. z. B. § 71 Abs. 4 oder § 136 Abs. 2 AktG).

1. Auswirkungen auf Vorschriften der Kapitalerhaltung

a) Erwerb von Anteilen an der Obergesellschaft

Hier kommt die aktienrechtliche Regelung des § 71 Abs. 4 und 5 in Frage, wo- **13**
nach ein abhängiges oder im Mehrheitsbesitz stehendes Unternehmen keine Aktien der herrschenden oder an ihm mit Mehrheit beteiligten AG erwerben oder in Pfand nehmen darf, soweit der Aktienerwerb nicht der herrschenden oder mit Mehrheit beteiligten AG gestattet wäre, und wonach der Vertrag nichtig ist, der einen Dritten berechtigt oder verpflichtet, für Rechnung des abhängigen oder in Mehrheitsbesitz stehenden Unternehmens Aktien der Obergesellschaft zu erwerben oder in Pfand zu nehmen, soweit nicht der Erwerb oder die Inpfandnahme der Obergesellschaft selbst gestattet wäre. Danach gilt also für eine abhängige oder in Mehrheitsbesitz stehende GmbH das Verbot, Aktien ihrer Obergesellschaft über die der Obergesellschaft für den Erwerb oder die Inpfandnahme eigener Aktien gestatteten Grenzen hinaus zu erwerben oder in Pfand zu nehmen (vgl. *Barz* GroßkomAktG § 71 Anm. 33—40; *Lutter* KölnKom AktG § 71 Rdn. 62ff.; *Baumbach-Hueck* § 71 Rdn. 19ff.). Dieses Verbot gilt auch dann, wenn bei der abhängigen oder in Mehrheitsbesitz stehenden GmbH der Erwerb der Aktien der Obergesellschaft aus dem über den Betrag des Stammkapitals hinausgehenden Vermögen erfolgt, der GmbH der Erwerb eigener GmbH-Anteile gemäß § 33 Abs. 2 also gestattet wäre. Das folgt schon daraus, daß es sich bei § 71 Abs. 4 und 5 um eigenständige aktienrechtliche Vorschriften handelt, die auch für abhängige oder in Mehrheitsbesitz stehende Unternehmen von dem aktienrechtlichen Prinzip der Kapitalsicherung ausgehen.

§ 33, der den Erwerb eigener noch nicht voll eingezahlter Geschäftsanteile **14**
schlechthin und den Erwerb eigener voll eingezahlter Geschäftsanteile insoweit verbietet, als er nicht aus dem über den Betrag des Stammkapitals hinaus vorhandenen Vermögen geschehen kann, sagt nicht, ob ein derartiger Erwerb durch ein abhängiges oder in Mehrheitsbesitz stehendes Unternehmen zulässig ist. Die Frage ist streitig. Voraufl. § 33 Anm. 7a, *Feine* S. 453 und *Eder* Handbuch der GmbH I Rdn. 363 lassen den Erwerb durch die abhängige oder in Mehrheitsbesitz stehende Gesellschaft unbeschränkt zu, auch wenn die Anteile der Obergesellschaft noch nicht voll eingezahlt sind oder der Erwerb aus dem dem Stammkapital entsprechenden Vermögen erfolgt. Sie begründen das mit dem Fehlen einer entsprechenden gesetzlichen Vorschrift. *Serick* Rechtsform und Realität juristischer Personen S. 110ff. und *Winkler* GmbH-Rdsch. 72, 75 setzen die abhängige mit der herrschenden Gesellschaft gleich und kommen damit zur Geltung des § 33 auch beim Erwerb von Anteilen an der herrschenden durch die abhängige Gesellschaft; demgegenüber differenziert *Lutter* Kapital, Sicherung der Kapitalaufbringung und Kapitalerhaltung S. 462ff.: er hält bei kapitalmäßig abhängigen GmbHs den Erwerb von nicht voll eingezahlten Geschäftsanteilen der Mutter stets und von voll eingezahlten dann für verboten, wenn er zu Lasten des gebundenen Vermögens der Tochter oder auch nur der Mutter

erfolgt, will aber stets den trotzdem erfolgten Erwerb als gültig ansehen. Dies entspricht der Regelung, die RegE § 57 Abs. 2 und 3 für das neue GmbH-Recht vorsieht. Sie muß auch als geltendes Recht angesehen werden. Das in §§ 30 Abs. 1, 33 niedergelegte Prinzip der Kapitalerhaltung würde verletzt, wenn die abhängige oder im Mehrheitsbesitz stehende Tochter Geschäftsanteile — ob voll eingezahlt oder nicht — erwerben dürfte, die die Muttergesellschaft nach diesen Vorschriften selbst nicht erwerben darf. Dabei wird man auch keinen Unterschied machen dürfen, ob die Abhängigkeit auf einer kapitalmäßigen Verflechtung beruht oder nicht. Eine derartige Unterscheidung wird zwar durch die Berufung auf das Prinzip der Kapitalerhaltung nahe gelegt, aber es geht ja weitgehend auch um die konzernrechtliche Frage der Herrschaft der Obergesellschaft, die mißbraucht wird, wenn der in der Obergesellschaft nicht zulässige Erwerb eigener Anteile auf eine kapitalmäßig nicht abhängige Tochter verlagert wird. Ebenso wie die Tochter nur im Rahmen der für die Obergesellschaft geltenden Vorschriften der §§ 30 Abs. 1, 33 erwerben darf, darf sie auch selbst nur im Rahmen ihres GmbH-rechtlich nicht gebundenen Vermögens erwerben, damit im Rahmen der Wahrung ihres zur Deckung ihres Stammkapitals erforderlichen Vermögens keine Gefährdung eintritt. Schließlich dürfte es auch richtig sein, von der Nichtigkeit des dinglichen Erwerbsgeschäfts abzusehen, einmal aus Gründen der Rechtssicherheit, da die Abhängigkeit eines Unternehmens einem dritten Veräußerer oder späteren Erwerber nicht bekannt zu sein braucht, und zum anderen, weil der Sinn des § 33 Abs. 1, die Verhinderung der Konfusion der Einlageforderung, bei Erwerb durch die Tochtergesellschaft nicht eingreift und damit auch die Haftung etwaiger Vormänner erhalten bleibt.

b) Inpfandnahme von Anteilen an der Obergesellschaft

15 Das gleiche, was für einen Erwerb von Geschäftsanteilen gemäß Rdn. 14 gilt, muß auch für die Inpfandnahme gelten. Wie in § 71 Abs. 4 AktG sind auch im GmbH-Recht die zu schützenden Interessen der Gesellschaft bei einer Inpfandnahme die gleichen wie bei einem Erwerb.

c) Erwerbsauftrag für Anteile der Obergesellschaft an Dritte

16 Die konsequente Durchführung der zu Rdn. 14 und 15 dargelegten Rechtsfolgen erfordert die Nichtigkeit eines Vertrags, durch den ein Dritter berechtigt oder verpflichtet wird, Geschäftsanteile der Obergesellschaft für Rechnung eines abhängigen oder im Mehrheitsbesitz befindlichen Unternehmens zu erwerben (vgl. § 71 Abs. 5 AktG und § 57 Abs. 5 RegE). Andernfalls wäre einer Umgehung dieser Rechtsvorschriften Tür und Tor geöffnet. Auch muß, wenn ein eigener Rechtserwerb nicht zulässig ist, der wirtschaftliche Erwerb — „für Rechnung" — unzulässig sein, weil er im Ergebnis zu gleichen Konsequenzen führt.

d) Übernahme neuer Geschäftsanteile der Obergesellschaft

17 Die Frage, ob eine GmbH selbst anläßlich ihrer Kapitalerhöhung einen Anteil übernehmen kann, war früher streitig (vgl. § 33 Rdn. 23). Heute ist sie gemäß BGHZ **15,** 391 als im verneinenden Sinne entschieden anzusehen. Kann aber die GmbH selbst einen neuen Geschäftsanteil anläßlich einer durch Einlage erfolgenden Kapitalerhöhung nicht übernehmen, so kann es auch nicht eine abhängige oder in Mehrheitsbesitz befindliche Gesellschaft. Das ist für die AG und damit auch für die GmbH als Untergesellschaft einer AG in § 56 Abs. 2 AktG ausdrücklich angeordnet, nachdem diese Rechtsfolge in einer zum Teil stark angegriffenen Entscheidung des RG (RGZ **108** 41 = JW **1924** 1679 m. Anm. von *Flechtheim*) aus allgemeinen Rechtsgrundsätzen bereits entwickelt worden war. Diese Grundsätze, nämlich daß Zahlungen auf die neue Beteiligung in Wahrheit aus Mitteln der Gesellschaft geleistet würden und daß der Gesellschaft durch die Ausgabe der neuen Beteiligungsrechte keine neuen Aktiven zugeführt würden, gelten auch bei der GmbH. Infolgedessen muß auch hier die Übernahme neuer Geschäftsanteile der Obergesellschaft durch abhängige oder im Mehrheitsbesitz stehende Gesellschaften als unzulässig angesehen werden (so *Kronstein* Die abhängige juristische Person S. 123; *Serick* aaO. S. 106ff.; *Lutter* aaO. S. 197ff.). Auch hier wird man aus den zu Rdn. 14 angegebenen Gründen nicht — wie *Lutter* will — danach unterscheiden können, ob die Abhängigkeit kapitalmäßig begründet ist oder nicht. Das alles entspricht auch der in § 40 Abs. 2 RegE für die Zukunft vorgeschlagenen Regelung.

e) Kreditgewährung an Konzernorgane

Entgegen §§ 89, 115 AktG kennt das GmbH-Recht keine Beschränkung der Kreditgewährung an Organmitglieder, Prokuristen oder Handlungsbevollmächtigte. Die Grenze für die Kreditgewährungen wird nur durch die Strafvorschrift der Untreue und — sofern das Organmitglied Gesellschafter ist — durch § 30 gezogen. Nur in diesem Rahmen kann deshalb auch die Kreditgewährung eines herrschenden Unternehmens an Geschäftsführer, Aufsichtsratsmitglieder, Prokuristen oder Handlungsbevollmächtigte einer abhängigen Gesellschaft oder eines abhängigen Unternehmens an den entsprechenden Personenkreis des herrschenden Unternehmens als unzulässig angesehen werden. Eine konzernrechtliche Regelung ist darin aber für das geltende Recht nicht zu sehen. Auch der RegE enthält keine derartige Bestimmung, nachdem der RefE der aktienrechtlichen Regelung entsprechende Verbote in seinem § 70 Abs. 2 S. 2, § 107 Abs. 1 S. 2 noch vorgeschlagen hatte. **18**

2. Auswirkungen auf Rechte und Pflichten von Gesellschaftern

a) Stimmrecht aus abhängigen Gesellschaften zustehenden Anteilen an einer herrschenden GmbH

Aus eigenen Anteilen kann die GmbH kein Stimmrecht herleiten (§ 33 Rdn. 20), und zwar weil sie als Körperschaft an der eigenen Willensbildung nicht teilnehmen sollte, zumal andernfalls ohne eigene Kapitalbindung die Verwaltung und damit mittelbar die Mehrheit eine Vermehrung ihrer Stimmenmacht erführe. Das bedingt konsequenterweise auch einen Stimmrechtsausschluß aus Anteilen der Obergesellschaft, die sich in der Hand abhängiger Gesellschaften befinden; denn sie werden von der Geschäftsführung der abhängigen Gesellschaft ausgeübt, die ihrerseits — das macht das Wesen der Abhängigkeit aus — dem beherrschenden Einfluß der herrschenden Gesellschaft unterliegt. Diese Auffassung, die von *Serick* aaO. S. 113ff. und *Zöllner* Die Schranken mitgliedschaftlicher Stimmrechtsmacht bei privatrechtlichen Personenverbänden S. 142/43 vertreten wird, hat sich aber bisher keineswegs durchsetzen können, wenn sie auch für Aktien der Obergesellschaft im Besitz einer von ihr abhängigen GmbH aus § 136 AktG ausdrücklich herzuleiten ist. RGZ **103** 64ff. — ähnlich RGZ **115** 246 für die AG vor Schaffung des § 114 Abs. 6 AktG 37 —; *Kronstein* Die abhängige juristische Person S. 121/22; *Feine* S. 454 und Vorauf1. Anh. zu § 47 Ziff. 2 lehnen unter Berufung auf die rechtliche Selbständigkeit auch des abhängigen Unternehmens, auf das Fehlen einer besonderen Norm im GmbH-Recht **19** und auf den weitgehenden Eingriff in die gesellschaftsrechtliche Stellung des Gesellschafters ab, wenn nicht im Einzelfall ein Rechtsmißbrauch vorliegt. Diese Argumentation geht aber an der Sache vorbei; denn sie widerlegt nicht, daß es die herrschende Gesellschaft selbst ist, die die Stimmrechtsausübung aus den in der Hand der abhängigen Gesellschaft befindlichen Anteilen letztlich bestimmt und mithin mittelbar zu einer Vermehrung der Stimmenmacht der Mehrheit bei der herrschenden Gesellschaft führt und damit auch zur Teilnahme an der eigenen Willensbildung der herrschenden Gesellschaft. Diese Überlegung ist grundlegend für das im Gesetz ebenfalls nicht ausdrücklich genannte Stimmrechtsverbot eigener der Gesellschaft selbst gehörenden Geschäftsanteile, so daß bei Anteilen in der Hand eines abhängigen Unternehmens nichts anderes gelten kann.

20 Das muß dann logischerweise auch dazu führen, daß Stimmrechte aus Geschäftsanteilen an anderen Gesellschaften im Besitz eines abhängigen Unternehmens stets dann nicht mitstimmen dürfen, wenn das herrschende Unternehmen selbst mit den ihm gehörenden Geschäftsanteilen vom Stimmrecht ausgeschlossen ist oder ausgeschlossen wäre, wenn es selbst derartige Geschäftsanteile besäße. Das abhängige Unternehmen A darf also mit seinen Geschäftsanteilen bei der Gesellschaft B nicht mitstimmen, wenn das über A herrschende Unternehmen H von einer Verbindlichkeit gegenüber B befreit werden soll, und zwar einerlei, ob H bei B selbst Anteile besitzt oder nicht. Anderer Meinung sind auch hier *Feine* S. 454 und Voraufl. Anh. zu § 47 Ziff. 3 sowie für diesen Fall auch *Serick* aaO. mit der Begründung, § 252 Abs. 3 S. 2 HGB sei in das Aktiengesetz nicht übernommen worden und § 47 gäbe für eine derartige Konsequenz nichts her. Aber wenn ein Interessenwiderstreit für den Gesetzgeber hinreichender Anlaß war, einen Stimmrechtsausschluß für eigene Anteile auszusprechen, muß sich dieser Ausschluß auch auf Anteile erstrecken, auf deren Stimmabgabe der mit dem Stimmrecht aus eigenen Anteilen Ausgeschlossene den gleichen Einfluß hat wie auf eigene Anteile. Auf den konkreten Nachweis eines Rechtsmißbrauchs kann es auch hier nicht ankommen.

21 Allerdings muß gesehen werden, daß der sachlich zu weitgehende Stimmrechtsausschluß des § 47 Abs. 4 S. 2 auch bei Vornahme eines Rechtsgeschäfts mit einem Gesellschafter — dieser Tatbestand ist in § 136 Abs. 1 AktG nicht enthalten und soll auch in das künftige GmbH-Recht (§ 82 Abs. 3 RegE) nicht aufgenommen werden — leicht zu einem wirtschaftlich unsinnigen Ergebnis führen kann, z. B. bei dem einfachen Sachverhalt, daß bei der Tochter-GmbH, an der die Muttergesellschaft mit 95% neben zwei weiteren Gesellschaftern mit zusammen 5% beteiligt ist, das Stimmrecht der Muttergesellschaft und damit auch der von ihr abhängigen sonstigen Gesellschaften anläßlich der Beschlußfassung über Lieferungsgeschäfte zwischen Mutter- und Tochtergesellschaft oder über einen Unternehmensvertrag ruht; damit hätten die Minderheitsgesellschafter weitgehend das Schicksal der Tochter-GmbH in der Hand. Für die Praxis wäre eine derartige Handhabung unerträglich. Eine Abhilfe kann eine den Wortlaut des gesetzlichen Stimmrechtsverbots einschränkende Auslegung insbesondere auf echte Konfliktsituationen schaffen (wegen des Abschlusses eines Unternehmensvertrags vgl. Rdn. 36); hilft eine einschränkende Auslegung nicht, so ist der bei der GmbH für die Ausübung des Stimmrechts geltende Grundsatz von Treu und Glauben auch bei der Abstimmung der Minderheit zu beachten, insbesondere dahin, ob mit dem Stimmrecht nicht unangemessene Vorteile erstrebt werden. Infolgedessen sind etwaige Anfechtungsklagen wegen behaupteten Verstoßes gegen das Stimmrechtsverbot besonders sorgfältig zu prüfen, wobei im GmbH-Recht nicht außer acht gelassen werden darf, daß die Geschäftsführer weit stärker als im Aktienrecht dem unmittelbaren Einfluß der Gesellschafter unterworfen sind (§ 46 Ziff. 6). Die ganze Situation sollte — auch ohne gesetzliche Grundlage — den Abschluß von Unternehmensverträgen mit einem für die Minderheitsgesellschafter angemessenen Ausgleich, ggf. auch Abfindungsangebot, fördern (vgl. Rdn. 36).

b) Auskunftsrecht über Beziehungen zu und über Verhältnisse von verbundenen Unternehmen

Wegen der Voraussetzungen und Grenzen eines Auskunfts- und auch Einsichtsanspruchs eines einzelnen Gesellschafters vgl. Erl. zu § 45. Soweit ein Auskunfts- und Einsichtrecht besteht, erfaßt es grundsätzlich auch, ähnlich wie es § 131 Abs. 1 S. 2 AktG für Aktionäre regelt, die rechtlichen und geschäftlichen Beziehungen der Gesellschaft zu einem verbundenen Unternehmen und auch die Lage des verbundenen Unternehmens (vgl. § 337 Abs. 4 AktG). Das entspricht jedenfalls der allgemeinen Meinung. § 131 Abs. 1 AktG und damit auch sein S. 2 ist auf die kapitalistisch strukturierte GmbH anzuwenden (*Ebenroth* Die Aktionärsrechte des GmbH-Gesellschafters S. 82 N 72; *Eder* GmbH-Rdsch. 66, 273; *Pleyer-Schaudwet* GmbH-Rdsch. 67, 253 und *Wolany* Rechte und Pflichten des Gesellschafters einer GmbH S. 235). Das ergibt sich aus der Interessenlage des Gesellschafters eines der verbundenen Unternehmen und bedarf ebensowenig wie das Auskunfts- oder Einsichtsrecht selbst einer ausdrücklichen gesetzlichen Grundlage. Allerdings können sich gerade aus der Rücksichtnahme auf besondere Verhältnisse eines verbundenen Unternehmens Grenzen des Auskunfts- und Einsichtsrechts ergeben, das letztlich seine Grundlage aus Treu und Glauben herleitet. Die Rechtsform des verbundenen Unternehmens ist jedenfalls unerheblich, wie ja auch für die Erstreckung des aktienrechtlichen Auskunftsrechts auf verbundene Unternehmen die Rechtsformen, in denen sie geführt werden, ohne Bedeutung sind. **22**

c) Aufsichtsratsmitgliedschaft gesetzlicher Vertreter abhängiger Unternehmen

§ 100 Abs. 1 Ziff. 2 AktG läßt als Mitglieder des Aufsichtsrats einer herrschenden Gesellschaft nicht zu, wer gesetzlicher Vertreter eines von der Gesellschaft abhängigen Unternehmens ist. Diese Bestimmung hat auch Geltung für die GmbH, wenn für sie kraft § 77 Abs. 1 BetrVerfG 52, § 3 MitbestG oder kraft Satzung ein Aufsichtsrat zu bilden ist (§ 77 Abs. 1 S. 2 BetrVerfG 52; § 52 Abs. 1). Während bei der Bildung des Aufsichtsrats kraft Gesetzes § 100 Abs. 1 Ziff. 2 AktG zwingendes Recht ist, gilt dies bei dem aufgrund Satzung errichteten Aufsichtsrat nur, „soweit nicht im Gesellschaftsvertrag etwas anderes bestimmt ist". **23**

§ 100 Abs. 2 Ziff. 1 begrenzt die Zahl der Aufsichtsratssitze in einer Hand auf 10. Dabei zählen aber nur die Aufsichtsratssitze bei Unternehmen, die gesetzlich einen Aufsichtsrat haben müssen, und sind für gesetzliche Vertreter des herrschenden Unternehmens bis zu 5 Aufsichtsratssitze in zum Konzern gehörenden aufsichtsratspflichtigen Unternehmen nicht mitzurechnen. Auch diese Bestimmung gilt für die GmbH, die aufgrund der zitierten Mitbestimmungsvorschriften kraft Gesetzes einen Aufsichtsrat zu bilden hat, nicht aber auch für die GmbH, die nur aufgrund Satzung einen Aufsichtsrat bildet.

Im einzelnen vgl. Erl. zu § 52.

d) Einflußnahme zum Schaden der Gesellschaft

§ 117 AktG 65 begründet eine Schadensersatzpflicht für den, der unter Benutzung seines Einflusses auf die Gesellschaft ein Mitglied der Verwaltung zu für die **24**

Gesellschaft schädlichen Handlungen beeinflußt. Diese Regelung ist im heutigen Aktienrecht keine konzernrechtliche mehr, weil die Haftung im faktischen Konzern durch §§ 311ff. geregelt ist, war es aber unter der Herrschaft des AktG 37 teilweise. Da das GmbH-Recht den faktischen Konzern nicht regelt, könnte eine Übertragung der Regelung des § 117 AktG auf die GmbH hier auch konzernrechtliche Bedeutung haben und eine beherrschte GmbH und ihre Gesellschafter vor schädlicher Einflußnahme des herrschenden Unternehmens schützen. Die Frage der analogen Anwendung des § 117 AktG — wegen seiner Erläuterung vgl. die aktienrechtlichen Kommentare — ist streitig; BGHZ **31** 278 erkennt eine Ersatzpflicht für eine Einflußnahme auf eine GmbH nur unter den Voraussetzungen des § 826 BGB an und lehnt damit eine Anwendung des § 117 AktG ab; ihm haben sich angeschlossen *Baumbach-Hueck* § 43 Anm. 3 B; *Boesebeck* GmbH-Rdsch. **1960** 118; *Fischer* Anm. zu der genannten BGH-Entscheidung in LM Nr. 4 zu § 2 GmbH; *Gottschling* GmbH-Rdsch. **1960** 160; *Lehmann* Die ergänzende Anwendung von Aktienrecht auf die GmbH S. 59ff.; *Schönle* GmbH-Rdsch. **1960** 64; *Scholz* Nachtrag 1964 § 43 Anm. 2; *Pleyer* GmbH-Rdsch. **1960** 45 und Voraufl. § 13 Anm. 16, die beiden letzteren aber mit der Einschränkung, daß auch § 823 Abs. 2 BGB einen Haftungsgrund abgebe. Demgegenüber will *Wolany* Rechte und Pflichten des Gesellschafters einer GmbH S. 115 bis 119 die Regelung des § 117 auf die GmbH übertragen wissen und wollen *Immenga* GmbH-Rdsch. **1973** 10 sowie die Personalistische Kapitalgesellschaft S. 277 — ihm folgend *Hofmann* ZHR 137, 422 sowie im Rahmen einer personalistisch strukturierten GmbH auch *Zöllner* aaO. S. 431f. — aus der Treupflicht heraus den Gesellschafter, der faktisch Geschäftsführungsmaßnahmen beeinflußt, über § 826 BGB und § 117 AktG hinaus nach dem Sorgfaltsmaßstab des § 43 GmbH-Gesetz haften lassen, und zwar auch für eine Stimmrechtsausübung in der Gesellschafterversammlung (ebenso § 14 Rdn. 26 u. 27).

25 Die Auffassung, Gesellschafter, die, sei es in sei es außerhalb der Gesellschafterversammlung, auf die Geschäftsführung Einfluß nehmen, wie Geschäftsführer haften zu lassen, erscheint bestechend. Sie ergäbe im faktischen Konzernverhältnis zu einer GmbH eine ansprechende Haftungsgrundlage. Bedenken bestehen aber gegen ihre rechtliche Grundlage. Eine analoge Anwendung des § 117 AktG ist vertretbar, hilft aber wegen der Weisungsunterworfenheit der Geschäftsführer unter die Gesellschafterversammlung dann nicht, wenn die Einflußnahme durch Stimmrechtsausübung in der Gesellschafterversammlung, die aus der Haftung gemäß § 117 Abs. 7 Ziff. 1 ausgenommen ist, erfolgt. Die Treupflicht des Gesellschafters reicht wegen der grundsätzlichen Freiheit, mit seinen Stimmen seine Interessen zu verfolgen, für einen Haftungsmaßstab gemäß § 43 nicht aus, allenfalls für einen solchen gemäß §§ 823 Abs. 2, 826 BGB (§ 13 Rdn. 25). Auch eine etwaige personalistische Struktur kann nicht genügen, da ja auch der die Geschäftsführung einer KG bestimmende Kommanditist nicht wie ein Komplementär haftet. Und das von Immenga aaO. letztlich herangezogene Prinzip, wer herrsche, müsse auch haften, ist ein Postulat, das zwar in einzelnen Bestimmungen der Rechtsordnung, aber keineswegs allgemein verwirklicht ist (BGHZ **45** 207). Wenn also der Tatbestand der §§ 823 Abs. 2, 826 BGB oder § 117 AktG nicht verwirklicht ist, ist eine rechtliche Grundlage für eine Haftung bei Erteilung von Weisungen an die Geschäftsführung eines abhängigen Unternehmens im geltenden GmbH-Recht nicht gegeben (anders § 14 Rdn. 26, 27).

e) Anfechtung wegen Sondervorteil

26 Die Weisungsunterworfenheit der Geschäftsführung unter die Gesellschafterversammlung führt bei der beherrschten GmbH häufig dazu, daß Weisungen hinsichtlich der Geschäftsführung durch Beschlußfassung auf der Gesellschafterversammlung erfolgen. Ein derartiger Weisungsbeschluß ist anfechtbar, wenn er zum Schaden der Gesellschaft oder der anderen Gesellschafter dem herrschenden Gesellschafter einen Sondervorteil verschafft. Wie auf die Beschlüsse der Gesellschafterversammlung einer GmbH ganz allgemein das aktienrechtlich ausdrücklich geregelte Institut der Anfechtung grundsätzlich anwendbar ist (vgl. Erl. im Anhang zu § 47), ist auch § 243 Abs. 2 AktG anwendbar (BGH BB **1970** 1143; BGHZ **14** 37; *Däubler* GmbH-Rdsch. **1968** 7; *Hueck* Festschrift für Molitor S. 414; *Immenga* GmbH-Rdsch. **1973** 8; *Lehmann* Die ergänzende Anwendung von Aktienrecht auf die GmbH S. 99). Nach dieser Vorschrift kann die Anfechtung auch darauf gestützt werden, daß ein Aktionär mit der Ausübung des Stimmrechts für sich oder einen Dritten Sondervorteile zum Schaden der Gesellschaft oder der anderen Aktionäre zu erlangen sucht, und daß der Beschluß geeignet ist, diesem Zweck zu dienen; die Anfechtbarkeit entfällt aber, wenn der Beschluß den anderen Aktionären einen angemessenen Ausgleich für ihre Schäden gewährt. Wegen der Einzelheiten der Anfechtung vgl. Erl. im Anhang zu § 47.

Damit ergibt sich im faktischen Konzern für die abhängige Gesellschaft gegenüber Weisungen des herrschenden Unternehmens ein alternativ wirkender Schutz: wird die Weisung außerhalb der Gesellschafterversammlung erteilt, greift der analog anwendbare § 117 AktG ein (Rdn. 25); wird die Weisung durch Beschluß der Gesellschafterversammlung erteilt, greift die Anfechtungsmöglichkeit gemäß § 243 Abs. 2 AktG durch einen Minderheitsgesellschafter ein (vgl. *Immenga* aaO. S. 5ff.).

3. Konzernbilanz und Publizität

a) Konzernbilanz

Eine allgemeine gesetzliche Verpflichtung für eine GmbH, als Konzernober- 27
gesellschaft eine Konzernbilanz zu erstellen, besteht nicht. Sie kann auch nicht aus einer analogen Anwendung der §§ 329ff. AktG gefolgert werden. Denn diese Vorschriften sind, wie § 28 EGAktG zeigt, bewußt als an die Rechtsform der AG gebunden vom Gesetzgeber gewollt. Jedoch gibt es besondere Tatbestände, in denen auch eine GmbH als Konzernobergesellschaft zur Erstellung eines Konzern- oder Teilkonzernabschlusses verpflichtet ist.

Das ist einmal der Fall, wenn in einem Konzern die Konzernunternehmen unter der einheitlichen Leitung einer inländischen GmbH stehen und mindestens ein in den Konzernabschluß einzubeziehendes Konzernunternehmen die Rechtsform einer AG oder KGaA hat (§ 28 EGAktG). In diesem Fall ist ein Konzernabschluß gemäß den Bestimmungen der §§ 329, 331 bis 333 AktG aufzustellen, ein Konzerngeschäftsbericht gemäß § 334 zu erstatten, der Konzernabschluß unter Einbeziehung des Geschäftsberichts durch einen Konzernabschlußprüfer gemäß § 336 zu prüfen (*Wilhelmi* GmbH-Rdsch. **1967** 209) und der Konzernabschluß gemäß § 338 bekanntzumachen (*Adler-Düring-Schmaltz* § 329 Rdn. 47).

Zum anderen ist eine GmbH dann zur Konzernrechnungslegung verpflichtet, wenn die Konzernobergesellschaft wegen ihrer Rechtsform oder wegen Auslandsbesitzes nicht konzernrechnungslegungspflichtig ist, sie auch nicht unter die Konzernrechnungslegungspflicht des Publizitätsgesetzes fällt (*Bernhard* Festschrift für Hengeler S. 27ff.), diese Konzernobergesellschaft aber über von ihr abhängige GmbHs andere Konzernunternehmen, von denen mindestens eine die Rechtsform einer AG oder KGaA besitzt, beherrscht (§ 28 Abs. 2 EG); die Rechnungslegungspflicht trifft in diesem Falle die GmbH, die der Konzernleitung im Sinne des § 330

Abs. 1 S. 1 AktG am nächsten steht, was ggf. auf mehrere GmbHs zutreffen kann, wenn sie im Konzernaufbau nebeneinander und nicht hintereinander stehen. In diesem Fall ist ein Teilkonzernabschluß gemäß § 330 AktG zu erstellen, mit einem Teilkonzerngeschäftsbericht zu versehen, durch einen Abschlußprüfer zu prüfen und bekanntzumachen.

Ferner ist nach §§ 11 ff. Publizitätsgesetz vom 15. 8. 1969 auch eine GmbH als Konzernleitung dann konzernrechnungslegungspflichtig, wenn für drei aufeinander folgende Abschlußstichtage zwei der drei folgenden Merkmale zutreffen:

— Konzernbilanzsumme von mehr als DM 125 Mio.
— konsolidierter Konzernumsatz der letzten 12 Monate von mehr als DM 250 Mio. und
— Beschäftigtenzahl in den letzten 12 Monaten von durchschnittlich mehr als 5000.

Schließlich haben bei einer ausländischen Konzernspitze die ihr am nächsten stehenden inländischen GmbHs, über die im Inland andere Konzernunternehmen beherrscht werden, eine Teilkonzernrechnung zu legen, wenn für den Teilkonzern die vorstehend angegebenen Größenmerkmale erreicht werden. In diesem Fall ist ein Konzern- bzw. Teilkonzernabschluß zu erstellen, mit einem Konzern- bzw. Teilkonzerngeschäftsbericht zu versehen, einer Abschlußprüfung zu unterziehen und grundsätzlich gemäß §§ 15/16 PublG bekanntzumachen.

28 Soweit eine GmbH als Untergesellschaft zu einem, sei es nach AktG, sei es nach PublG, rechnungslegungspflichtigen Konzern gehört, ist sie verpflichtet, der rechnungslegungspflichtigen Obergesellschaft ihre Jahresabschlüsse, Geschäftsberichte und etwa erstellten Prüfungsberichte und, soweit ihr Jahresabschluß von dem Stichtag des Konzernabschlusses abweicht, einen Zwischenabschluß auf den Konzernbilanzstichtag einzureichen; außerdem hat sie der Konzernobergesellschaft alle Aufklärungen und Nachweise zu geben, die diese benötigt, um einen Konzernabschluß nebst Konzerngeschäftsbericht zu erstellen (§ 335 AktG; § 13 Abs. 2 PublG).

Wegen der Prüfung vgl. *Wilhelmi* aaO., S. 210.

b) Publizität

29 Soweit gemäß Rdn. 27 eine Pflicht zur Konzernrechnungslegung besteht, ist jeweils im Gesetz auch eine Bekanntmachung des Konzern- oder Teilkonzernabschlusses vorgesehen, und zwar durch Einreichung zum Handelsregister des Sitzes der Obergesellschaft und durch Bekanntmachung in den Gesellschaftsblättern der Obergesellschaft (§ 338 AktG; § 15 PublG).

Wegen der Einzelheiten vgl. die Kommentierungen zu den zitierten Bestimmungen.

III. Das Konzernrecht

A. Unterscheidung zwischen Vertrags- und faktischem Konzern

30 Das Konzernrecht des Aktienrechts baut auf dem Unterschied zwischen Vertrags- und faktischem Konzern auf und sieht, wenn man von § 316 AktG einmal absieht, das Unterscheidungsmerkmal im Beherrschungsvertrag. Nach der gesetzlichen Definition in § 291 Abs. 1 S. 1 AktG unterstellt der Beherrschungsvertrag die Leitung einer AG oder KGaA einem anderen Unternehmen. Gleich an diesem Punkt wirkt sich bei Übertragung der aktienrechtlichen Konzernregelung auf die GmbH die unterschiedliche Struktur von AG und GmbH aus. Während der Vorstand unter eigener Verantwortung die AG leitet (§ 76 Abs. 1 AktG) und eine Zuständigkeit der Hauptversammlung in Fragen der Geschäftsführung nur besteht, wenn der Vorstand eine Entscheidung verlangt (§ 119 Abs. 2 AktG), ist die Geschäftsführung einer GmbH den Weisungen der Gesellschafterversammlung, und wenn es sich um eine Einmann-GmbH handelt, den Weisungen ihres Alleingesellschafters unterworfen. Es bedarf also keines Beherrschungsvertrags, um eine GmbH dem Willen eines anderen Unternehmens zu unterwerfen, das sämtliche oder mindestens die Mehrheit der Stimmen in der Gesellschafterversammlung besitzt und deren Mehrheitsgesellschafter die Abhaltung von Gesellschafterversammlungen nicht scheut. Das nivelliert bei der GmbH den Unterschied zwischen Vertrags- und faktischem Konzern, ein Punkt, der in der Kritik des dem Aktienrecht nachgebildeten Konzernrecht im RegE eines GmbH-Gesetzes eine erhebliche Rolle spielt (vgl. z. B. *Gessler* DB **1971** 29ff.; derselbe DB **1973** 48ff.; *Mertens* DB **1970** 813; *Rehbinder* Die GmbH als Konzernunternehmen in GmbH-Reform S. 141 ff.). In der Praxis hat das dazu geführt, daß die Vereinbarung über die Ergebnisübernahme (Gewinnabführung und Verlustdeckung) durchaus im Vordergrund steht, zumal sie steuerlich notwendiger Bestandteil der Anerkennung der körperschaftsteuerlichen Organschaft ist, während die Beherrschung nur die Prämisse ist, für die es einer vertraglichen Regelung nicht bedarf. Im geltenden GmbH-Konzernrecht müßte man deshalb, wenn man wirklich zwischen Vertrags- und faktischem Konzern unterscheiden will, auf den Abschluß eines Gewinnabführungsvertrags abstellen. Auch beim aktienrechtlichen Konzern macht das Vorhandensein nur eines Gewinnabführungsvertrags gegenüber einem Beherrschungsvertrag einen Unterschied ja nur für die Ausgleichspflicht des § 311 AktG und die Ersatzpflichten der §§ 317/18 (vgl. § 316 AktG), die bei der GmbH, soweit Minderheitsgesellschafter überhaupt vorhanden sind, sich meist durch entsprechendes Arrangement zwischen Mehr- und Minderheit und im übrigen durch analoge Anwendung der §§ 117, 242 Abs. 2 AktG (vgl. Rdn. 24 und 26) lösen und, soweit Gläubigerinteressen in Frage stehen, durch die Verlustdeckungspflicht der Obergesellschaft abgesichert werden.

B. Vertragskonzern

1. Vertragsarten und ihre Zulässigkeit

a) Beherrschungsvertrag

Wegen des Inhalts des Beherrschungsvertrags vgl. Rdn. 30. Sein Sinn kann bei **31** einer GmbH als beherrschtem Unternehmen nur darin bestehen, die Zuständigkeit zu Weisungen an die Geschäftsführung von der Gesellschafterversammlung der herrschenden Gesellschaft auf einen Gesellschafter, meist den Mehrheitsgesellschafter, zu verlagern, während für den Alleingesellschafter die Formfreiheit einer Universalversammlung bei allen nicht satzungsändernden Beschlüssen eine derartige Verlagerung ohne Bedeutung sein läßt. Wird diese durch den Beherrschungsvertrag erfolgende Verschiebung der Zuständigkeit zum Satzungsbestandteil gemacht, so ist sie bei der GmbH wegen der weitgehenden Dispositionsfreiheit auch im organisatorischen Bereich ohne Zweifel zulässig. Jedoch erfordert der Abschluß des Beherrschungsvertrags keine Satzungsänderung. Denn nach der im deutschen Wirtschaftsrecht seit jeher bestehenden und damit in der Praxis auch durchgesetzten Rechtsauffassung ist die Satzung niemals als der Ort angesehen worden, der notwendigerweise Unternehmensverträge aufzunehmen hätte; das beweisen § 256 AktG 37 und §§ 293/94 AktG 65, die zwar die Eintragung des Unternehmensvertrags im Handelsregister, nicht aber die Aufnahme in die Satzung vorschreiben (*Müller* GmbH-Rdsch. **1973** 98/99; **a. M.** *Flume* DB **1956** 457; *Ballerstedt* DB**1956** 839; *v. Falkenhausen* Verfassungsrechtliche Grenzen der Mehrheitsherrschaft S. 62; wohl auch *Lutter* DB **1973** Beilage 21 S. 12; dabei unterscheidet die als Gegenmeinung aufgeführte Literatur meist nicht zwischen Beherrschungs- und Gewinnabführungsvertrag). Der organisationsrechtliche Charakter und die Parallele zu § 265 AktG 37 sowie zu § 293 Abs. 1 AktG 65 erfordern aber in jedem Fall eine Mitwirkung der Gesellschafterversammlung (allgemeine Meinung; **a. M.** wohl nur *Schmidt* GmbH-Rdsch. **1971** 11).

Fraglich ist aber, ob dieses Zustimmungserfordernis nur Innen- oder auch Außenwirkung haben soll. Die gleichen Gründe, die die Zustimmung der Gesellschafterversammlung erfordern, machen es auch notwendig, diesem Erfordernis Außenwirkung beizulegen (*Flume* aaO.; *v. Falkenhausen* aaO.; *Mertens* Mehrheits- und Konzernherrschaft S. 161 ff.; *Müller* aaO.; *Lutter* aaO., aber nicht wegen echter Außenwirkung des Zustimmungserfordernisses, sondern wegen Mißbrauchs der Vertretungsmacht durch die Geschäftsführung; **a. M.** Voraufl. § 29 Anm. 22 a. E. u. § 53 Anm. 19; *Ballerstedt* aaO.; *Skibbe* GmbH-Rdsch. **1968 246**; *Laube* BB **1969** 1533; *Zöllner* Schranken mitgliedschaftlicher Stimmrechtsmacht S. 250, der dem Beherrschungsvertrag aber keinerlei Strukturveränderungsinhalt gibt; auch hier ist darauf hinzuweisen, daß meist nicht zwischen Beherrschungs- und Gewinnabführungsvertrag unterschieden wird). Im übrigen ist das Erfordernis der Zustimmung der Gesellschafterversammlung mit Außenwirkung für die Minderheitsgesellschafter ein wirksamer Schutz; denn der Zustimmungsbeschluß muß einstimmig gefaßt werden (Rdn. 36) und, selbst wenn man eine geringere Mehrheit genügen lassen wollte, könnte der Beschluß angefochten werden, während bei reiner Innenwirkung der Vertragsschluß nach außen wirksam wäre und Schadensersatzansprüche gegen eine von der Mehrheit abgesicherte Geschäftsführung nur sehr schwer von der Minderheit durchzusetzen wären (vgl. *Ballerstedt* aaO.).

Seiner Rechtsnatur nach ist der Beherrschungsvertrag ein Vertrag sui generis (*Flume* aaO. S. 456; *Ballerstedt* aaO. S. 815), der den bekannten Vertragstypen des Schuldrechts nicht eingeordnet werden kann, sondern unternehmensrechtlicher Art ist und die Struktur des abhängigen Unternehmens als eine Art Organisationsvertrag ändert. Er ist aus der Praxis heraus entwickelt worden, jahrzehntelang unbestritten als zulässig behandelt worden und hat auch in § 291 Abs. 1 AktG 65 seine gesetzgeberische Anerkennung gefunden. Dann aber kann auch im GmbH-Recht nicht mehr an seiner Zulässigkeit gezweifelt werden. Dabei muß aber davon ausgegangen werden, daß das beherrschende Unternehmen das beherrschte gegen die Risiken seiner Herrschaft durch die Verlustdeckungszusage abzudecken hat.

b) Gewinnabführungsvertrag

32 Ein Gewinnabführungsvertrag umfaßt den von der GmbH als Untergesellschaft gemäß ordnungsgemäßer Bilanzierung erzielten Reingewinn im Sinne des § 29. Soll der GmbH eine Rücklagenbildung aus ihrem Gewinn ermöglicht werden, so muß das vertraglich festgelegt werden. Der steuerliche Rahmen derartiger Rücklagenbildung zu Lasten des abzuführenden Gewinns ist durch § 7a Abs. 1 Ziff. 5 KStG abgesteckt. Mit der Gewinnabführungsverpflichtung muß die Verpflichtung der Obergesellschaft zur Deckung der bei der Untergesellschaft während der Dauer des Gewinnabführungsvertrags entstehenden Jahresfehlbeträge verbunden werden; dabei dürfen Rücklagen der Untergesellschaft nur insoweit zur Deckung eines Fehlbetrags eingesetzt werden, als sie während der Dauer des Unternehmensvertrags gebildet worden sind. Eine andere Regelung, die auch steuerlich nicht anerkannt werden würde (§ 7a Abs. 5 Ziff. 4 KStG), wäre auch gesellschaftsrechtlich unzulässig, weil sie die Gleichgewichtigkeit von Leistung und Gegenleistung im Rahmen eines Ergebnisabführungsvertrags, insbesondere zu Lasten der Gläubiger der Untergesellschaft verletzen würde. Auch Teilgewinnabführungsverträge sind in dem angegebenen Rahmen als für eine GmbH zulässige Unternehmensverträge anzusehen.

Während die Zulässigkeit eines Beherrschungsvertrags unter dem Blickpunkt einer Änderung der gesetzlichen Zuständigkeit zu sehen ist (Rdn. 31), bedeutet der Ergebnisabführungsvertrag einen Verzicht der Gesellschaft auf ein eigenwirtschaftliches Arbeiten für Rechnung der Gesellschaft selbst. Eine derartige Regelung kann nicht Gegenstand eines Vertrags zwischen Geschäftsführung und einem Gesellschafter sein (**a. M.** *Schmidt* aaO. S. 11), zumal die „Gegenleistung" für die Ergebnisabführung in der Erledigung der Gewinnbeteiligungsansprüche des Vertragspartners läge, die nicht in den Bereich der Geschäftsführung gehört und beim Vorhandensein anderer Gesellschafter eine Ungleichbehandlung bedeuten würde. Damit reicht wie beim Beherrschungsvertrag die Vertretungsbefugnis der Geschäftsführung zu einem wirksamen Abschluß des Abführungsvertrags nicht aus. Zwar ist aus den gleichen Gründen wie dort eine Satzungsänderung nicht erforderlich, jedoch bedarf auch der Gewinnabführungsvertrag der Zustimmung der Gesellschafterversammlung, die auch hier Außenwirkung hat (Rdn. 31).

Ebensowenig wie der Beherrschungsvertrag läßt sich der Gewinnabführungsvertrag in die schuldrechtlichen Vertragstypen einordnen, sondern muß als ein unternehmensrechtlicher Vertrag eigener Art angesehen werden (Rdn. 31 a. E.; *Skibbe* GmbH-Rdsch. **1968** 246). Seine gesetzgeberische Anerkennung ist älter als die des Beherrschungsvertrags; denn § 256 AktG 37 geht von der rechtlichen Zulässigkeit derartiger Verträge aus und verlangt zu ihrer Wirksamkeit eine Zustimmung der Hauptversammlung mit 3/4 Mehrheit (vgl. allerdings die aus §§ 52, 54 AktG 37 und wegen Verletzung der Minderheitsrechte gegen die Rechtswirksamkeit der Organschaftsverträge gerichteten Angriffe insbesondere von *Duden* BB **1957** 49 und *Fischer* GroßkomAktG 2. Aufl. § 52 Anm. 18 und § 54 Anm. 7 sowie deren Verteidigung bei *Hueck* DB **1959** 223 und *Schilling* GroßkomAktG 2. Aufl. § 256 Anm. 11). Durch das Konzernrecht des AktG 65 sind aber Gewinnabführungsverträge als Bestandteil der Rechtsordnung anerkannt, wenn der Gesetzgeber auch davon abgesehen hat, die Gültigkeit der Organschaftsverträge für die Vergangenheit zu sanktionieren (*Kropff* aaO. S. 536). Das setzt aber für die Organschaftsverträge im GmbH-Raum kein Fragezeichen, da der Streit über ihre Zulässigkeit für Aktiengesellschaften aufgrund der für das Aktienrecht typischen Kapitalerhaltungsvorschriften entbrannt war, die bei der GmbH nicht gelten (vgl. §§ 57, 58 AktG 65 einerseits und § 30 GmbHG andererseits).

c) Gewinngemeinschaft

Darunter versteht man einen Vertrag, durch den mehrere Unternehmen ihren **33**
Gewinn oder den Gewinn einzelner Betriebe ganz oder teilweise zusammenlegen und nach einem zu vereinbarenden Schlüssel dann untereinander verteilen. Das ist eine Rechtsgestaltung, die auch bei Einzelpersonen und Personengesellschaften vorkommen kann, eine Risikoverteilung auf mehreren Schultern bedeutet und üblicherweise eine BGB-Gesellschaft darstellen wird. Sie hat nichts typisch konzernrechtliches und kann deshalb auch bei den weiteren Erläuterungen ausgeklammert werden. Gegen die rechtliche Zulässigkeit einer derartigen Vertragsgestaltung bestehen keine Bedenken. Sie bewegt sich im Rahmen der typischen Gestaltungen des Schuld-

rechts, weshalb der Abschluß einer Gewinngemeinschaft auch in die Vertretungsmacht des Geschäftsführers fällt. Ob er zum Vertragsschluß intern der Zustimmung der Gesellschafterversammlung bedarf, ist eine Frage der Gestaltung der einzelnen Satzungen, die allerdings häufig die Eingehung derartiger Gewinngemeinschaften von der Zustimmung der Gesellschafterversammlung abhängig machen. Ein vorsichtiger Geschäftsführer wird sich auch ohne eine derartige Satzungsbestimmung der Zustimmung der Gesellschafter zu einer so weitgehenden Maßnahme versichern. Außenwirkung hat das Zustimmungserfordernis nicht. Der Abschluß einer Gewinngemeinschaft wird meist auch ein Fall sein, in dem gemäß § 49 Abs. 2 eine Gesellschafterversammlung einzuberufen ist (*Baumbach-Hueck* § 49 Anm. 3 B).

d) Betriebspacht- oder -überlassungsvertrag

34 Auch hier handelt es sich wieder um typische schuldrechtliche Verträge, die keinen besonderen konzernrechtlichen Bezug haben, zwar in Analogie zu § 15 AktG die beiden Unternehmen zu verbundenen Unternehmen machen, jedoch zu keiner Abhängigkeit und auch zu keinem Konzernverbund führen. Auch sie können deshalb in der weiteren Erläuterung außer acht gelassen werden. Gerade bei GmbHs kommen Betriebsverpachtungen häufig vor, und zwar derart, daß der laufende Betrieb eines Unternehmens pachtweise unter Überlassung des Umlaufvermögens in eine besondere GmbH ausgegliedert wird und die verbleibende Gesellschaft ihre Aufgabe allein darin sieht, das verpachtete Anlagevermögen zu verwalten. Der Sinn einer derartigen Gestaltung ist entweder ein haftungsmäßiger, nämlich das Anlagevermögen von den Risiken des laufenden Betriebs zu befreien, oder ein renditemäßiger, nämlich der Ursprungsgesellschaft aus der Verpachtung ihrer Anlagen ein festes Einkommen zu gewährleisten, das zu gleich bleibenden Entnahmen oder Ausschüttungen für die Gesellschafter führt. Zu den Betriebsüberlassungsverträgen gehören neben den pachtähnlichen Verträgen insbesondere die Betriebsführungsverträge, nämlich Verträge, durch die eine GmbH ihren ganzen Betrieb oder einzelne Betriebsteile einem anderen Unternehmen überläßt, das den Betrieb für Rechnung der GmbH, und zwar entweder im eigenen oder im Namen der GmbH führt. Gerade diese Gestaltung wird insbesondere dann gerne gewählt, wenn nach Verschmelzung der nunmehr zum Vermögen der übernehmenden Gesellschaft gewordene Betrieb der übertragenden Gesellschaft durch eine unter der Firma der übertragenden Gesellschaft neu gegründete GmbH für Rechnung der übernehmenden Gesellschaft geführt werden soll.

Auch Betriebspacht- und -überlassungsverträge fallen in die Vertretungsmacht der Geschäftsführung. Darüber, ob intern eine Zustimmung der Gesellschafterversammlung erforderlich oder zweckmäßig ist, vgl. Rdn. 33. An der Zulässigkeit derartiger Verträge können Zweifel nicht bestehen.

2. Abschluß des Beherrschungs- und Gewinnabführungsvertrags

a) Schriftform

35 Da es bisher an einer gesetzlichen Regelung für den Abschluß eines Beherrschungs- oder Gewinnabführungsvertrags zu Lasten einer GmbH fehlt, gibt es auch keine Vorschrift, die eine gesetzliche Schriftform für einen derartigen Unternehmensvertrag anordnete. § 7a Abs. 5 Ziff. 1 KStG verlangt allerdings für die körperschaftssteuerliche Anerkennung als Organschaft die Schriftform (*Laube* BB **1969** 1533; *Schmidt* GmbH-Rdsch. **1971** 9; *Brezing* GmbH-Rdsch. **1971** 60, dem aber insoweit nicht zu folgen ist, als er glaubt, die Schriftform betreffe nicht die Punkte, die in

§§ 296—298 AktG geregelt seien). Damit ist für den Gewinnabführungsvertrag der GmbH praktisch die Frage der Schriftform entschieden, da ohne steuerliche Anerkennung die Ergebnisabführung unpraktikabel ist. Aber auch zivilrechtlich führt einmal die Analogie zu § 293 Abs. 2 S. 1 AktG, zum anderen die Wichtigkeit des Vertrags für das Leben der GmbH und schließlich die jahrzehntealte Handhabung der Praxis, die den Ergebnisabführungsvertrag stets schriftlich abgeschlossen hat, zum Erfordernis der Schriftform (**a. M.** *Schmidt* aaO.), die dann naturgemäß nicht nur den Vertragskern, sondern den gesamten Vertragsinhalt erfaßt. Für den Beherrschungsvertrag kann nichts anderes gelten.

Soweit die GmbH „anderer Vertragsteil" des Unternehmensvertrags im Sinne des § 293 Abs. 2 ist, ergibt sich das Erfordernis der Schriftform unmittelbar aus § 293 Abs. 3 S. 1 AktG.

b) Zustimmung der Gesellschafterversammlung

Sowohl der Beherrschungs- wie der Gewinnabführungsvertrag werden zwar **36**
namens der GmbH von der Geschäftsführung abgeschlossen, bedürfen aber der Zustimmung der Gesellschafterversammlung (Rdn. 31, 32). Bei dieser Zustimmung entsteht zunächst die Frage, ob der Vertragspartner mitstimmen darf, oder durch § 47 Abs. 4 S. 2 vom Stimmrecht ausgeschlossen ist (vgl. Rdn. 21). Sowohl der Beherrschungsvertrag (Rdn. 31) wie der Gewinnabführungsvertrag (Rdn. 32) sind Organisationsverträge unternehmensrechtlicher Art und kein „Rechtsgeschäft" im Sinne des § 47 Abs. 4 S. 2; ebenso wie der Gesellschafter bei seiner Bestellung zum Geschäftsführer oder seiner Wahl in den Aufsichtsrat mitstimmen darf, weil es sich um einen „Akt des Gesellschaftslebens" handelt (vgl. Erl. zu § 47 Abs. 4 S. 2), muß ihm das Stimmrecht auch bei der Beschlußfassung der Gesellschafterversammlung über die Zustimmung zum Beherrschungs- und/oder Gewinnabführungsvertrag zuerkannt werden (Vorauf. § 53 Anm. 22; *v. Falkenhausen* Verfassungsrechtliche Grenzen der Mehrheitsherrschaft S. 62; *Skibbe* GmbH-Rdsch. **1968** 246; *Schmidt* GmbH-Rdsch. **1971** 11; **a. M.** *Zöllner* Die Schranken mitgliedschaftlicher Stimmrechte S. 250f., der aber zu Unrecht den Charakter der Verträge als Organisationsverträge leugnet; *Martens* Mehrheits- und Konzernherrschaft S. 163). Wollte man den Stimmrechtsausschluß bejahen, so wäre allerdings der durch v. Falkenhausen aaO. aufgezeigte Umweg über eine im Wege des satzungsändernden Beschlusses dem Geschäftsführer erteilte Ermächtigung zum Abschluß von Organschaftsverträgen und der spätere Entlastungsbeschluß höchst zweifelhaft, da er in die Zuständigkeitsordnung einer GmbH eingreifen würde.

Zum anderen entsteht die Frage, ob die Zustimmung der Gesellschafterversammlung mit einfacher Mehrheit, satzungsändernder Mehrheit oder Einstimmigkeit zu erfolgen hat. Daß sie keine Satzungsänderung mit Eintragung ins Handelsregister erfordert, vgl. Rdn. 31. Der Eingriff des Beherrschungs- und Gewinnabführungsvertrags in die Struktur der GmbH und die Analogie zum Aktiengesetz lassen das Erfordernis einer nur einfachen Mehrheit ausscheiden und verlangen mindestens eine satzungsändernde Mehrheit (*Flume* DB **1956** 457; *Ballerstedt* DB **1956** 839; *Schilling* JZ **1957** 529; *Skibbe* aaO.; *v. Falkenhausen* aaO.; *Lutter* DB **1973** Beilage 21 S. 12, welche Autoren allerdings meist eine Satzungsänderung fordern; vgl. auch § 7a Abs. 5 Ziff. 2 KStG). Das dürfte aber bei einer GmbH, die ja in aller Regel personalistisch gestaltet ist, noch nicht ausreichen, man wird vielmehr Einstimmigkeit verlangen müssen (*Zöllner* aaO. S. 175; *Martens* aaO.; *Müller* GmbH-Rdsch. **1973** 99). Diese Auffassung wird verstärkt durch das Erfordernis der Beachtung des Gleichheitsgrundsatzes, der nur mit Zustimmung der benachteiligten Gesellschafter durchbrochen werden kann, und auch des Minderheitenschutzes, über den das GmbH-Gesetz sich für den ihm unbekannten Beherrschungs- und Gewinnabführungsvertrag ausschweigt. Zwar wäre auch bei einer in Analogie zu § 293 Abs. 1 AktG mit 3/4 Mehrheit zu beschließenden Zustimmung ein Anfechtungsrecht und über eine Analogie zu § 243 Abs. 2 S. 2 AktG ein indirekter Zwang zu einem angemessenen Ausgleich gegeben. Man wird aber den Minderheitsgesellschaftern nicht zumuten können, ihrerseits gegen einen Zustimmungsbeschluß zu einem Beherrschungs- oder Ergebnisabführungsvertrag initiativ zu werden, sondern es dem Vertragspartner auferlegen, seinerseits eine angemessene Ausgleichslösung mit den Minderheitsgesellschaftern zu suchen. Stimmt trotz eines Angebots eines wirklich angemessenen Ausgleichs ein Minderheitsgesellschafter gegen die Zustimmung, so hat der Mehrheitsgesellschafter seinerseits die Möglichkeit, gegen die Ablehnung der Zustimmung analog § 243 Abs. 2 S. 1 AktG Anfechtungsklage zu erheben.

Was für den Abschluß des Unternehmensvertrags gilt, gilt entsprechend auch für seine *Änderung*. Auch hier ist eine einstimmige Zustimmung der Gesellschafterversammlung erforderlich, wenn nicht der ursprüngliche Vertrag eine besondere Regelung wegen seiner Abänderung trifft.

c) Keine Zustimmung durch die Gesellschafterversammlung des anderen Vertragsteils

37 Die Zustimmung der Gesellschafterversammlung ist nur bei der GmbH erforderlich, die beherrscht werden oder ihren Ertrag abführen soll. Zwar schreibt § 293 Abs. 2 AktG die Zustimmung der Hauptversammlung auch des anderen Vertragsteils vor, wenn er AG oder KGaA ist. Diese Bestimmung kann auf Vertragspartner in anderen Rechtsformen nicht übertragen werden, insbesondere nicht, wenn einer oder beide Vertragspartner GmbH sind. Denn sie beruht darauf, daß bei zwei AGen oder KGaAen als Vertragspartner die Vorschriften über die Sicherung der außenstehenden Aktionäre gemäß §§ 304—306 eingreifen; diese Vorschriften, die als Abfindung insbesondere auch die Gewährung von Aktien der herrschenden Gesellschaft vorsehen, sind so weitgehend, daß der Gesetzgeber glaubte, sie von der Zustimmung der Hauptversammlung der betreffenden AG oder KGaA zum Beherrschungs- oder Gewinnabführungsvertrag abhängig machen zu müssen. Da das geltende GmbH-Gesetz keine Abfindungsregelung für außenstehende Gesellschafter der Untergesellschaft kennt, entfällt der Anlaß für die Zustimmung der Gesellschafterversammlung der begünstigten Gesellschaft. Wenn die Minderheitsgesellschafter der Untergesellschaft als Preis für die Zustimmung zum Unternehmensvertrag eine Beteiligungszusage an der herrschenden Gesellschaft erreicht haben, muß deren Gesellschafterversammlung zwar nicht dem Unternehmensvertrag, wohl aber der Kapitalerhöhung zustimmen. Auch sonst kann der Abschluß des Unternehmensvertrags für die begünstigte Gesellschaft so wichtig und schwerwiegend sein, daß deren Geschäftsführer, sei es aufgrund Satzungsbestimmung, sei es zur eigenen Rückendeckung, die Zustimmung der Gesellschafterversammlung einholen. Sie hat dann aber nur Innen- und keine Außenwirkung.

d) Keine Einreichung und Anmeldung zum Handelsregister

38 Die Zustimmung der Gesellschafterversammlung der Untergesellschaft zu einem Beherrschungs- und/oder Gewinnabführungsvertrag ist keine Satzungsänderung (Rdn. 31, 32). Eine Pflicht zur Anmeldung zum Handelsregister aus § 54 entfällt also. Wenn für Gläubiger und Öffentlichkeit die Kenntnis von einem Beherrschungs- und/oder Gewinnabführungsvertrag auch von Interesse wäre, reicht das nicht aus, um analog § 294 AktG zu einer Pflicht der Geschäftsführung zu kommen, den Vertrag zur Eintragung im Handelsregister anzumelden oder ihn wenigstens zu den Registerakten einzureichen. Hier ginge es um öffentlich-rechtliche Pflichten oder Obliegenheiten, die durch Analogie nicht geschaffen werden können, zumal sie ja auch eine entsprechende Mitwirkung des Handelsregisters erfordern würden.

3. Vertragsinhalt

Außer dem Vertragskern, der Unterstellung unter die Leitung der Obergesellschaft (Rdn. 31) und/oder der Abführung des gesamten positiven oder negativen Ertrags an die Obergesellschaft (Rdn. 32), erfordert der Unternehmensvertrag noch die Aufnahme anderer Punkte, von denen einige hier anzusprechen sind.

a) Vertragsdauer

§ 7a Abs. 1 Ziff. 4 KStG erfordert den Abschluß eines Gewinnabführungs- **39**
vertrags auf die Dauer von mindestens 5 Jahren. Zivilrechtlich gibt es derartige Dauervorschriften nicht, wenn auch die Notwendigkeit der steuerlichen Anerkennung der Ergebnisabführung einen entsprechenden Zwang für die zivilrechtliche Gestaltung des Unternehmensvertrags ausübt. Der Vertrag kann auf eine feste Dauer mit oder ohne automatische Verlängerungsklausel bei Nichtkündigung oder auf unbestimmte Zeit unter Beschränkung der Kündigung auf eine bestimmte Zeit abgeschlossen werden. Kündigungstermin wird regelmäßig das Geschäftsjahrende sein. Länger laufende Kündigungsfristen empfehlen sich. Langfristige Unternehmensverträge sind aus wichtigem Grunde kündbar (vgl. § 297 AktG). Derartige wichtige Gründe können u. a. sein: ein Wechsel im Mehrheitsbesitz an der Untergesellschaft oder die Auflösung der Untergesellschaft; letzteres schon deswegen, weil der Liquidationsertrag grundsätzlich dem Sinn eines Ergebnisabführungsvertrags entsprechend nicht Gegenstand der Gewinnabführung sein kann (vgl. BFH **90** 370; *Skibbe* GmbH-Rdsch. **1968** 247).

b) Vertragsbeginn

Es entspricht allgemeiner Auffassung, daß in die Ergebnisabführung auch der **40**
Ertrag des bei Vertragsabschluß laufenden Jahres einbezogen werden kann. Voraussetzung ist aber, daß der Vertrag bis zum Ende des Geschäftsjahres, dessen Ertrag einbezogen werden soll, rechtswirksam zustandegekommen ist, so daß bis zu diesem Zeitpunkt auch die Zustimmung der Gesellschafterversammlung (Rdn. 36) vorliegen muß. Denn die Verpflichtung zur Ertragsabführung kann in die Bilanzen der beteiligten Unternehmen nur aufgenommen werden, wenn sie am Bilanzstichtag auch begründet war.

Zivilrechtlich ist es nicht erforderlich, daß die die Gewinnabführung oder die Beherrschung tragende Beteiligung der Obergesellschaft bereits vom Beginn des Jahres ab bestanden hat, für das die Gewinnabführung vereinbart wird. Ein Unternehmen, das die Beteiligung an einer GmbH erst im Laufe eines Jahres erwirbt, kann also eine Gewinnabführung vereinbaren, die auch die vor dem Beteiligungserwerb liegende Zeit des laufenden Geschäftsjahres erfaßt. Körperschaftssteuerlich wird das allerdings nicht anerkannt, da eine Ergebnisabführung für eine Zeit vor der finanziellen Eingliederung — Erwerb der Mehrheit der Stimmrechte — nicht anerkannt wird (§ 7a Abs. 1 Ziff. 1 KStG).

c) Verlustübernahme und vorvertragliche Rücklagen

41 Nach § 302 AktG ist die Pflicht zur Verlustübernahme notwendiger Bestandteil jedes Beherrschungs- und/oder Gewinnabführungsvertrags. Für die GmbH als beherrschte und abführungspflichtige Gesellschaft gilt das gleiche, weil eine Beherrschung oder Gewinnabführung nur dann als zulässig anerkannt werden kann, wenn von der Obergesellschaft auch die Risiken getragen werden, d. h. die Verluste übernommen werden (Rdn. 31, 32). Da das sich für die beherrschte und gewinnabführungspflichtige GmbH nicht aus dem Gesetz — wie bei der AG aus § 302 AktG — ergibt, verlangt § 7a Abs. 5 Ziff. 3 KStG für die GmbH eine ausdrückliche Vereinbarung einer dem § 302 AktG entsprechenden Verlustübernahme in dem Gewinnabführungsvertrag. Die gleiche Steuervorschrift verlangt in Ziff. 4, daß durch den Abführungsvertrag auch die Auflösung vorvertraglicher Rücklagen aus der Gewinnabführung ausgenommen wird. Diese Bestimmung gilt für die AG aufgrund des § 301 S. 1 AktG und versteht sich aus dem Sinn eines Abführungsvertrags, der nur den unter seiner Geltung — mit der sich aus Rdn. 40 ergebenden Erstreckung auf den Beginn des Geschäftsjahres, in dem der Vertrag abgeschlossen wird — erzielten Gewinn erfassen will.

Die beiden zur körperschaftsteuerlichen Anerkennung der Gewinnabführung vorgeschriebenen Bestimmungen sollten deshalb in den Unternehmensvertrag mit aufgenommen werden (vgl. *Laube* BB **1969** 1533; *Schmidt* GmbH-Rdsch. **1971** 14).

d) Sicherung der Minderheitsgesellschafter

42 Während das Aktiengesetz in §§ 304ff. die Sicherung der außenstehenden Aktionäre zwingend vorgeschrieben hat, können diese Sicherungen bei der GmbH nur durch Vereinbarung zwischen den Gesellschaftern geschaffen werden, gelten jedenfalls nicht aufgrund analoger Anwendung der §§ 304ff. AktG (*Voss* DB **1971** 1939 gegen *Ner* DB **1971** 1537). Das Erfordernis der Einstimmigkeit für den Zustimmungsbeschluß der Gesellschafterversammlung (Rdn. 36) erzwingt zu Lasten der Mehrheit und zugunsten der Minderheit entsprechende Vereinbarungen, so daß es der Begründungsversuche aus dem Gewinnbeteiligungsrecht (so *Flume* DB **1956** 457), aus dem Grundsatz der Gleichbehandlung (so *Ballerstedt* DB **1956** 838ff.) und aus Treu und Glauben (so *v. Falkenhausen* Verfassungsrechtliche Grenzen der Mehrheitsherrschaft S. 64f.) nicht mehr bedarf. Die Schutzvereinbarungen zugunsten der Minderheit können in einer den §§ 304ff. AktG entsprechenden Regelung bestehen, können aber auch ganz andere, auf die konkreten Verhältnisse der einzelnen GmbH zugeschnittene Regelungen darstellen. Bei einer derartigen Regelung ist, wenn für den Unternehmensvertrag Kündigungsmöglichkeiten vorgesehen sind, der Minderheitenschutz in die Kündigungsregelung mit einzubauen. Schließlich sollte auch für den Fall einer grundlegenden Änderung der Verhältnisse eine Anpassungsmöglichkeit vorgesehen werden.

4. Keine besondere Haftungsregelung

43 Da der Vertragskonzern bei der GmbH gesetzlich überhaupt nicht geregelt ist, kann es auch keine gesetzlichen Haftungsregeln geben, wie sie §§ 309, 310 AktG für den aktienrechtlichen Vertragskonzern enthalten. Das mag von der Theorie her als Lücke empfunden werden, in der Praxis haben sich daraus bisher keine Schwierigkeiten ergeben. Die Minderheitsgesellschafter sind auch bei Fehlverhalten der Geschäftsführer der Obergesellschaft und der abhängigen Gesellschaft durch ihren im

Unternehmensvertrag vereinbarten Ausgleich abgesichert; die Gläubiger der Untergesellschaft sind durch die Verlustdeckungspflicht der Obergesellschaft vor Schaden bewahrt. Nur wenn das Fehlverhalten der beiden Gesellschaften zu einem Konkurs der Obergesellschaft führt, greifen diese Sicherungen nicht mehr und kommt es auf die Ersatzpflicht der Geschäftsführer an. Die Geschäftsführer der Untergesellschaft haften aus § 43 unmittelbar, wenn sie ungesetzliche Weisungen befolgt oder ohne Weisung zum Nachteil der Gesellschaft im vermeintlichen Interesse der Obergesellschaft gehandelt haben. Eine unmittelbare Haftung der Geschäftsführer der Obergesellschaft für Weisungen, die nicht der Sorgfalt eines ordentlichen und gewissenhaften Geschäftsführers entsprechen, zugunsten der Untergesellschaft, ihrer Gesellschafter und Gläubiger besteht allerdings nicht (Rdn. 24, 25). Jedoch ist zu beachten, daß eine Verletzung der Sorgfaltspflicht bei Weisungen an die Untergesellschaft auch ein Verstoß gegen die Sorgfaltspflicht der Obergesellschaft ist, so daß die Geschäftsführer der Obergesellschaft sowieso in der Haftung sind.

C. Faktischer Konzern

1. Gewinnabführungsvertrag als Unterscheidungsmerkmal

Der faktische Konzern ist im Grunde nichts anderes als die Praktizierung der **44**
Abhängigkeit über eine längere Zeitdauer. Anders als im AktG ist diese Praktizierung aber, wenn der Mehrheitsgesellschafter bereit ist, den Weg über die Gesellschafterversammlung zu gehen, durchaus gesetzeskonform. Denn dank seiner Stimmenmacht in der Gesellschafterversammlung kann der Mehrheitsgesellschafter der Geschäftsführung Weisungen erteilen und darf, wenn er keine Sondervorteile für sich zum Schaden der Gesellschaft erstrebt, durchaus seine Interessen bei der Stimmabgabe verfolgen. Übt er in diesem Sinne eine Leitungsmacht aus, so hat das Konzernverhältnis nicht eine faktische, sondern ebenso wie der Vertragskonzern des Aktiengesetzes eine einwandfreie rechtliche Grundlage. Die Tatsache, daß diese Grundlage bei der AG der Vertrag und bei der GmbH die Regelung des Gesetzes ist, kann keinen maßgebenden Unterschied machen. Daraus ergibt sich, daß die Regelung des RegE eines GmbH-Gesetzes, die es für den faktischen Konzern auf das Bestehen eines Beherrschungsvertrags abstellen will, verfehlt ist — maßgebend könnte, wenn man es auf einen Vertrag abstellen wollte, nur der Gewinnabführungsvertrag sein (Rdn. 30) — und daß für das geltende GmbH-Recht als faktischer Konzern nur ein Konzernverhältnis angesehen werden kann, das nicht durch einen Gewinnabführungsvertrag fundiert ist. Das findet seine Rechtfertigung auch darin, daß der Gewinnabführungsvertrag durch das Erfordernis einer einstimmigen Zustimmung der Gesellschafterversammlung (Rdn. 36) die Rechte der Minderheitsgesellschafter absichert und durch die Notwendigkeit einer Verlustübernahme (Rdn. 32, 41) den Gläubigern den bei Beginn des Unternehmensvertrags vorhandenen Vermögensstand sichert. Insoweit ist also ohne Beherrschungsvertrag bei Vorliegen eines Gewinnabführungsvertrags das Interesse der Minderheitsgesellschafter und der Gläubiger gesichert und bedarf es im Grunde keiner Ausgleichspflicht analog § 311 Abs. 1 AktG und keines Abhängigkeitsberichts analog § 312 AktG.

2. Auswirkungen

a) auf die abhängige Gesellschaft

Die dauernde Ausübung der Leitung durch herrschende Unternehmen kann für **45**
das abhängige Unternehmen vorteilhaft, indifferent oder schädlich sein. Die Praxis

zeigt, daß der erstere Fall bei weiterem der häufigste ist. Rechtlich interessiert nur der Fall der Erteilung von dem beherrschten Unternehmen nachteiligen Weisungen. Hier gibt es einen von der Untergesellschaft gegen das herrschende Unternehmen geltend zu machenden Ausgleichsanspruch analog § 311 AktG nicht (*v. Falkenhausen* Verfassungsrechtliche Grenzen der Mehrheitsherrschaft S. 67). Die durch AktG 65 erstmals für die AG geschaffene Ausgleichspflicht hat in der früheren Praxis von AG oder GmbH kein Vorbild und ist nur für die AG als abhängiges Unternehmen eingeführt worden. Eine Analogie auf die GmbH verbietet sich auch deshalb, weil bei der GmbH anders als bei der AG der Mehrheitsgesellschafter die durchaus legale Möglichkeit zur Erteilung von Weisungen hat. Ebenso entfällt für die GmbH ein Abhängigkeitsbericht, der vom Gesetzgeber als Sicherung der Ausgleichspflicht und als Hilfe für die außenstehenden Aktionäre in der Verfolgung ihrer besonderen gesetzlichen Ersatzansprüche aus §§ 317/18 AktG gedacht war; alles Bestimmungen, die für die GmbH keine Geltung haben.

Der abhängigen GmbH selbst verbleibt somit als Hilfe gegen nachteilige Weisungen, soweit sie durch Beschluß der Gesellschafterversammlung erteilt werden, in Analogie zu § 243 Abs. 2 S. 2 AktG nur die Anfechtung des Weisungsbeschlusses durch den Geschäftsführer, soweit man den Geschäftsführer überhaupt für anfechtungsbefugt halten will (vgl. dazu im einzelnen Erl. im Anhang zu § 47; ablehnend, soweit Weisungsbeschlüsse in Frage stehen, *Immenga* GmbH-Rdsch. **1973** 7/8). Soweit die Weisungen außerhalb der Gesellschafterversammlung erteilt werden, können die Untergesellschaft und ihre Gesellschafter durch — soweit gegeben — Ersatzansprüche analog § 117 AktG vorgehen. Außerdem bestehen in beiden Fällen gegebenenfalls Ansprüche aus §§ 823 Abs. 2, 826 BGB (Rdn. 26/27). Das ist zwar kein begeisternder Rechtsschutz der Gesellschaft; aber selbst wenn wirksame Hilfsmittel gegeben wären, bliebe doch höchst zweifelhaft, ob die Geschäftsführung der abhängigen Gesellschaft sie gegen das herrschende Unternehmen wirklich einzusetzen bereit und in der Lage wäre. Schwierigkeiten aus der Praxis sind aus dieser unbefriedigenden Rechtslage bisher nicht bekannt geworden.

b) auf die Minderheitsgesellschafter

46 Ihnen stehen Schadensersatzansprüche in Analogie der §§ 317/18 AktG nicht zu. Die Gründe, die die Analogie verhindern, sind die gleichen wie die in Rdn. 45 dargelegten. Es verbleibt deshalb — wie in Rdn. 26 für die abhängige Gesellschaft ausgeführt — die Anfechtungsklage wegen des Versuchs der Erlangung eines Sondervorteils zum Schaden der Gesellschaft, wenn die Weisung durch Beschluß der Gesellschafterversammlung erfolgt (über die Problematik einer derartigen Anfechtungsmöglichkeit vgl. *Immenga* GmbH-Rdsch. **1973** 8ff.). Diese Anfechtungsklage kann der Mehrheitsgesellschafter dadurch abwenden, daß er im Weisungsbeschluß den Mitgesellschaftern einen angemessenen Ausgleich für den Schaden gewährt. Erfolgt die Weisung außerhalb der Gesellschafterversammlung, so greifen — wie in Rdn. 24/25 ausgeführt — Schadensersatzansprüche aus §§ 823 Abs. 2, 826 BGB und analog § 117 AktG ein, die ersten beiden Bestimmungen übrigens auch dann, wenn die Weisungen durch Gesellschafterbeschluß erfolgen. Die Möglichkeit der Geltendmachung derartiger Ansprüche wird durch die dem Gesellschafter der GmbH zustehenden Auskunfts- und Einsichtsrechte (vgl. Erl. zu § 45) wesentlich erleichtert. Schließlich kann auch in Betracht kommen, daß der Minderheitsgesellschafter die Tatsache, daß die GmbH faktische Konzerntochtergesellschaft wird, zum Anlaß nimmt, aus wichtigem Grunde aus der Gesellschaft auszuscheiden (vgl. Erl. im Anhang zu § 34). Daß die Übernahme der ständigen Leitung einer GmbH durch einen Mehrheitsgesellschafter für den Mitgesellschafter ein wichtiger Grund sein kann, der ihm das Verbleiben in der Gesellschaft unzumutbar macht, kann je nach Lage der Umstände durchaus angenommen werden, und zwar desto eher, je rücksichtsloser ein Mehrheitsgesellschafter die Leitung ausübt.

Sehr überzeugend ist natürlich auch dieser Rechtsschutz für die Minderheitsgesellschafter nicht. Aber es ist durchaus die Frage, ob die Praxis einen stärkeren Schutz braucht; bisher sind — soweit ersichtlich — in der Rechtsprechung Mißstände nicht erkennbar geworden, auch nicht — jedenfalls in nennenswertem Umfange — in der Praxis (vgl. *Eder* GmbH-Rdsch. **1970** 250).

c) auf die Gläubiger

Der Gläubigerschutz beim faktischen Konzern, wie er hier verstanden wird **47** (Rdn. 44), leidet daran, daß der Konzernuntergesellschaft selbst kein besonders wirksamer Schutz in der Gestalt von Ausgleichsansprüchen zusteht (Rdn. 45) und damit die Haftungsmasse über das Vermögen der Gesellschaft selbst hinaus nicht vergrößert wird. Soweit Ansprüche aus §§ 823 Abs. 2, 826 BGB oder aus Analogie zu § 117 AktG, sei es für die Gesellschaft, sei es für die Minderheitsgesellschafter, entstanden sind, werden diese Ansprüche in der Regel auch in der Person der Gläubiger oder einzelner von ihnen entstanden sein; soweit sie der Gesellschaft zustehen, unterliegen sie dem Gläubigerzugriff. Darüberhinaus werden je nach den Umständen des einzelnen Falls Gläubigeransprüche gegen das herrschende Unternehmen aus Durchgriffshaftung (vgl. § 13 Anh. I) oder aus Konzernaußenhaftung (Rdn. 48ff.) in Betracht kommen können.

IV. Konzernaußenhaftung

1. Keine Gesamthaftung des Konzerns

Die Konzerneigenschaft macht aus dem herrschenden und den von ihm be- **48** herrschten Unternehmen nur eine wirtschaftliche, aber keine rechtliche Einheit derart, daß der Konzern eine Rechtsperson, ein einheitlicher Rechtsträger wäre. Das ergibt sich aus der Legaldefinition des § 18 AktG, die auf abhängige Unternehmen abstellt, die in § 17 wiederum als rechtlich selbständige Unternehmen erfaßt sind, und findet ihre Bestätigung in dem Konzernabschluß, dessen Regelung von der rechtlichen Selbständigkeit der einzelnen Konzernunternehmen und der von ihnen erstellten Abschlüsse ausgeht und sie wegen der wirtschaftlichen Einheit des Konzerns in einen konsolidierten Abschluß zusammenfaßt. Daraus folgt, daß jedes Konzernunternehmen in gleicher Weise Träger seiner Rechte und Pflichten bleibt, als wenn es kein Konzernunternehmen wäre. Von den Verbindlichkeiten des einzelnen Konzernunternehmens her gesehen bedeutet das, daß sie einerseits ausschließlich Verbindlichkeiten dieses Unternehmens sind, Aktiven anderer Konzernunternehmen zur Deckung also nicht herangezogen werden können und daß andererseits die Aktiven des Konzernunternehmens ausschließlich für die Verbindlichkeiten dieses Konzernunternehmens, nicht aber auch für die der übrigen Konzernunternehmen haften. Infolgedessen stehen die in der wirtschaftlichen Einheit „Konzern" zusammengefaßten Aktiven nicht zur Deckung der in ihm zusammengefaßten Verbindlichkeiten zur Verfügung, auch wenn das in der Konzernbilanz so dargestellt wird; welche Aktiven zur Deckung welcher Passiven herangezogen werden können, entscheidet sich immer danach, zu welchem Konzernunternehmen die einzelnen Aktiven und Passiven gehören. Es gibt mit anderen Worten keine Gesamthaftung des Konzerns, keine gesamtschuldnerische Haftung sämtlicher Konzernunternehmen für die Verbindlichkeiten der einzelnen Konzernunternehmen und auch keine gesamtschuldnerische Haftung der Konzernobergesellschaft für die Verbindlichkeiten ihrer abhängigen Konzernunternehmen.

2. Konzerntypische Haftungstatbestände für die Konzernobergesellschaft

49 Bis vor kurzem entsprach es in der Bundesrepublik Deutschland der allgemeinen Üblichkeit, daß Konzernobergesellschaften zum Konzern gehörende abhängige Unternehmen vor einem wirtschaftlichen Zusammenbruch bewahrten und jedenfalls einen gerichtlichen Vergleich oder Konkurs durch Zuschüsse, Arrangements mit den Gläubigern und dgl. verhinderten. Diese Übung ist in den letzten Jahren mehrfach — auch von ersten deutschen Adressen — durchbrochen worden, so daß der Geschäftsverkehr und insbesondere auch die kreditgebenden Banken sich nicht mehr darauf verlassen können — ein Rechtsanspruch bestand sowieso nicht —, daß ein Zusammenbruch einer Konzernuntergesellschaft von der Konzernspitze abgefangen werde. Da eine Gesamthaftung des Konzerns als Ganzes nicht besteht (Rdn. 48), ist damit die Frage besonders aktuell geworden, unter welchen Einzelumständen eine Konzernobergesellschaft für die Verbindlichkeiten einer abhängigen Konzerngesellschaft in Anspruch genommen werden kann. Diese Frage wird, soweit es sich nicht um übliche Tatbestände wie Übernahme der gesamtschuldnerischen Haftung, Bürgschaft oder Garantie und dergl. handelt, meist als das Problem der Durchgriffshaftung angesprochen (vgl. § 13 Anh. I Rdn. 37ff.), d. h. die Hintansetzung der juristischen Konstruktion der selbständigen Rechtspersönlichkeit und die Identifizierung der Gesellschaft mit dem dahinterstehenden Gesellschafter. Je mehr die Konzernspitze die geschäftlichen Maßnahmen einer Tochtergesellschaft zu ihren eigenen macht, umso mehr liegt es nahe, ihr auch die Übernahme der rechtlichen Verantwortung und damit auch der Haftung zuzumuten. Die Rechtsgrundlagen bilden meistens Rechtsmißbrauch oder Treu und Glauben; jedoch läßt sich, wie *Rehbinder* Konzernaußenrecht und Allgemeines Privatrecht 1969 nachgewiesen hat, ein erstaunlich großer Teil der Identifizierungsfälle auch mit den üblichen Mitteln der Vertrags- oder Gesetzesauslegung lösen. Vgl. zu der Problematik der Durchgriffshaftung *Kronstein* Die abhängige Person 1931, S. 71ff.; *Hamburger* Schuldenhaftung für Konzerngesellschaften 1932; *Meise* Zivilrechtliche Probleme der Organgesellschaft 1935, S. 95ff., *Serick* Rechtsform und Realität juristischer Personen 1955; *derselbe* Durchgriffsprobleme bei Vertragsstörungen unter Berücksichtigung von Organschafts- und Konzernverhältnissen 1959; *Drobnig* Haftungsdurchgriff bei Kapitalgesellschaften sowie *Rehbinder* aaO.

Soweit die allgemeine Haftung einer Konzernobergesellschaft für Verbindlichkeiten einer Konzerntochtergesellschaft in Frage steht, kommen konzerntypisch insbesondere folgende Haftungstatbestände in Frage.

a) Patronatserklärung

50 Bei dieser in der derzeitigen Konzernpraxis sehr häufigen Gestaltung handelt es sich um eine Erklärung, die einem bestimmten Gläubiger, meist einer Bank gegenüber, dahin abgegeben wird, daß die Obergesellschaft die Konzerntochter jeweils mit den Mitteln ausstatten wird, daß sie ihren Verpflichtungen voll nachkommen kann (vgl. *Schütz* Bankgeschäftliches Formularbuch 18. Aufl. S. 425; *Obermüller* ZGR 3 **1974** 1ff). Die Erklärung kann aber auch der Allgemeinheit gegenüber abgegeben werden, so daß sich jeder Geschäftspartner der Konzerntochter darauf berufen kann. Sie braucht nicht ausdrücklich, sondern kann auch konkludent abgegeben werden,

z. B. durch längere Zeit hindurch immer wieder erfolgende Zurverfügungstellung der für den Geschäftsbetrieb der Konzerntochter erforderlichen Mittel, sei es als Eigen-, sei es als Fremdmittel, wenn damit der Eindruck erweckt wird, daß die Obergesellschaft dieses Verhalten auch in Zukunft fortsetzen werde. Die Patronatserklärung gibt dem Gläubiger der Konzerntochter keinen unmittelbaren Anspruch auf Befriedigung der gegen sie gerichteten Forderung, sondern nur auf Schadensersatz bei Nichterfüllung. Sie stellt wirtschaftlich eine Gewährleistung dar und ist deshalb, wenn sie auf bestimmte Summen quantifizierbar ist, gemäß § 152 Abs. 5 AktG in der Jahresbilanz gesondert auszuweisen, andernfalls gemäß § 160 Abs. 3 Ziff. 7 AktG im Geschäftsbericht aufzuführen.

b) Anscheinshaftung

Wenn die Konzernobergesellschaft, sei es bestimmten Geschäftspartnern, sei es **51**
der Öffentlichkeit gegenüber, durch konkrete Erklärungen oder Handlungen, z. B. Auskünfte, geschäftliche Empfehlungen und dgl. den Anschein erweckt, als handele es sich bei ihrer Konzerntochter um ein potentes Unternehmen, obwohl ihr bekannt ist oder sein müßte, daß dem nicht so ist, kann sich eine Schadensersatzpflicht der Konzernmutter für alle Gläubiger ergeben, die beim Zusammenbruch der Konzerntochter Verluste erleiden. Hier können wohl die Grundsätze herangezogen werden, die die Rechtsprechung des RG und später des BGH unter dem Gesichtspunkt Gläubigergefährdung, stille Geschäftsinhaberschaft, Aushöhlung, Kredittäuschung, Konkursverschleppung (RGZ **136** 247 u. 293; BGHZ **10** 228) für die Haftung einer Hausbank beim Zusammenbruch eines ihrer Kunden entwickelt hat. Denn es ist zumindest erwägenswert, ob nicht diese auf dem Kreditverhältnis zwischen Bank und Kunden aufbauende Rechtsprechung auch auf ein Beteiligungsverhältnis übertragen werden kann (vgl. *Drobnig* aaO. S. 66ff.; *Rehbinder* aaO. S. 311).

V. Das Konzernrecht im RegE eines GmbH-Gesetzes

1. Grundsätzliches

In den §§ 230—266 enthält der RegE eines GmbH-Gesetzes für die GmbH **52**
eine eigene Regelung der Konzernverfassung. Sie schließt sich weitgehend an die aktienrechtliche Regelung an und hat gerade dieserhalb in der Reform-Erörterung zum Teil bittere Kritik erfahren. Diese Kritik betrifft einmal die Behandlung der Minderheitsgesellschafter im Vertragskonzern und zum anderen die Regelung des faktischen Konzerns, die trotz der strukturellen Besonderheiten der GmbH gegenüber der AG die als solche bereits stark kritisierte aktienrechtliche Regelung im Kern übernimmt. Dieser Kommentar ist nicht der Platz, um sich kritisch mit dem GmbH-Konzernrecht des RegE und seinen Beanstandungen auseinanderzusetzen; gewichtiger erschien es, das heute geltende und praktizierte GmbH-Konzernrecht einmal zusammenfassend darzustellen. Die vom RegE vorgeschlagene Konzernregelung wird deshalb nur in ihren Grundzügen dargestellt. An wesentlichen kritischen Stellungnahmen seien folgende Arbeiten angeführt:

Arbeitskreis GmbH-Reform, Thesen und Vorschläge zur GmbH-Reform II, 1972, S. 45ff.
Ballerstedt ZHR **135** 400ff. und 494ff.
Gessler DB **1971** 29ff. und DB **1973** 48ff.
Mertens DB **1970** 813ff., 865ff.
Pleyer-Westermann-Lieser GmbH-Rdsch. **1970** Beilageheft 12
Rehbinder in GmbH-Reform **1970** S. 127ff.

2. Vertragskonzern

53 Wie die §§291/92 AktG unterscheiden auch §§ 230/31 RegE zwischen dem Beherrschungs- und Gewinnabführungsvertrag einerseits und anderen Unternehmensverträgen andererseits. Die Bestimmungen der §§ 232—238 über Abschluß, Änderung und Beendigung von Unternehmensverträgen entsprechen der aktienrechtlichen Regelung der §§ 293—299 mit der Maßgabe, daß eine Zustimmung der Gesellschafterversammlung des herrschenden Unternehmens nicht erfordert wird (vgl. Rdn. 37). Hervorzuheben ist, daß § 232 Abs. 1 S. 2 für die Zustimmung zum Unternehmensvertrag eine 3/4 Mehrheit der abgegebenen Stimmen verlangt (vgl. Rdn. 36). Die Sicherung der Gesellschaft und ihrer Gläubiger in den §§ 239—241 entspricht den aktienrechtlichen Vorschriften der §§ 301—303; nur die Vorschrift des § 300 AktG über die Einstellung in die gesetzliche Rücklage ist entfallen, weil dem RegE eine gesetzliche Rücklage für die GmbH nicht bekannt ist. Als Sicherung der außenstehenden Gesellschafter bei Beherrschungs- und Gewinnabführungsverträgen kennt § 242 lediglich einen Anspruch auf Ausscheiden gegen angemessene Barabfindung, die in einem dem § 306 AktG nachgebildeten Verfahren überprüft werden kann; einen Ausgleich durch eine Dividendengarantie gibt RegE genauso wenig wie eine Abfindung in Anteilsrechten des herrschenden Unternehmens, selbst wenn dieses eine nicht abhängige AG sein sollte. Die Vorschriften über die Leitungsmacht und Verantwortlichkeit bei Bestehen eines Beherrschungsvertrags in §§ 244 bis 246 RegE stimmen im Inhalt mit §§ 308—310 AktG überein, obwohl wegen des Strukturunterschieds zur AG der Beherrschungsvertrag nicht das aktienrechtliche Schwergewicht hat und ein isolierter Gewinnabführungsvertrag bei der GmbH etwas anderes ist als bei der AG (vgl. Rdn. 30, 44).

Als gesteigerte Form des Vertragskonzerns übernimmt RegE in §§ 256—264 das Rechtsinstitut der Eingliederung, und zwar gemäß § 257 auch als Eingliederung in eine AG. Die Bestimmungen entsprechen denen der §§ 319—327 AktG mit der Maßgabe, daß eine Eingliederung durch Mehrheitsbeschluß nicht vorgesehen ist. Im geltenden Konzernrecht der GmbH gibt es diese Eingliederung nicht, weil es an einer gesetzlichen Grundlage fehlt und die §§ 319ff. AktG, die sogar eine KGaA von der Eingliederung ausschließen, auf eine GmbH im Wege der Analogie nicht übertragbar sind.

3. Faktischer Konzern

54 Seine Regelung in den §§ 247ff. RegE entspricht weitgehend der aktienrechtlichen Regelung der §§ 311ff. §§ 247—254 verbieten grundsätzlich jede nachteilige Einflußnahme auf das abhängige Unternehmen und begründen einen besonderen Haftungstatbestand der Obergesellschaft und ihrer gesetzlichen Vertreter für trotzdem erfolgte nachteilige Einflußnahmen. Verbot und Haftung entfallen aber, wenn bis zum Geschäftsjahrende die Nachteile durch Vorteile ausgeglichen sind oder am Geschäftsjahrende ein Rechtsanspruch auf Ausgleich gewährt wird. Die Einhaltung dieser Bestimmungen soll wie im Aktienrecht durch einen von sachverständigen Prüfern zu prüfenden Abhängigkeitsbericht gesichert werden. Der Bericht entfällt bei der GmbH, wenn die Gesellschafter freie Einsicht in Bücher und Schriften der Gesellschaft haben oder die Gesellschafter schriftlich verzichten. Für die Vollständigkeit und Richtigkeit des Abhängigkeitsberichts und der Berichterstattung über nachteilige Geschäfte oder Maßnahmen haften Geschäftsführer und Aufsichtsratsmitglieder der Gesellschaft den Gesellschaftern und den Gläubigern (§ 255).

4. Sonstige konzernrechtliche Bestimmungen

Der Erwerb und die Inpfandnahme von Geschäftsanteilen der Obergesellschaft durch eine abhängige oder in Mehrheitsbesitz stehende Gesellschaft (Rdn. 13—16) wird in § 57 Abs. 3—6 RegE dahin geregelt, daß nicht voll eingezahlte Geschäftsanteile überhaupt nicht und voll eingezahlte Geschäftsanteile nur dann erworben oder in Pfand genommen werden können, wenn die herrschende Gesellschaft erwerben dürfte, und wenn außerdem der Erwerb durch das über das Stammkapital hinausgehende Vermögen der Untergesellschaft gedeckt wird. § 40 Abs. 2 RegE verbietet bei einer Kapitalerhöhung gegen Einlage die Übernahme neuer Geschäftsanteile durch ein abhängiges oder in Mehrheitsbesitz stehendes Unternehmen (vgl. Rdn. 17) und versagt in § 40 Abs. 1 S. 2 Gründern oder Zeichnern, die für Rechnung eines abhängigen oder in Mehrheitsbesitz stehenden Unternehmens einen Geschäftsanteil übernommen haben, die Berufung darauf, daß dies nicht für eigene Rechnung geschah. Das Stimmrecht aus Geschäftsanteilen, die einem abhängigen Unternehmen oder einem Dritten für Rechnung eines abhängigen Unternehmens gehören (vgl. Rdn. 19ff.), kann nach § 82 Abs. 4 in der Gesellschafterversammlung des herrschenden Unternehmens nicht ausgeübt werden, wohl aber in Versammlungen anderer Gesellschaften, auch wenn das herrschende Unternehmen hier vom Stimmrecht ausgeschlossen wäre oder ist. § 85 Abs. 3 RegE erstreckt Auskunfts- und Einsichtsrechte von Gesellschaftern auf die rechtlichen und geschäftlichen Beziehungen der Gesellschaft zu einem verbundenen Unternehmen (Rdn. 22). 55

Sowohl für den aufgrund Gesellschaftsvertrag wie auch für den nach gesetzlicher Vorschrift zu bildenden Aufsichtsrat verbieten §§ 99 Abs. 2 Ziff. 2, 112 Abs. 2 Ziff. 2 die Mitgliedschaft eines gesetzlichen Vertreters eines von der Gesellschaft abhängigen Unternehmens (vgl. Rdn. 23). § 126 RegE übernimmt die Vorschrift des § 117 AktG über die Schadensersatzpflicht bei Einflußnahme auf die Gesellschaft (vgl. Rdn. 24/25) und § 193 Abs. 2 die Vorschrift des § 243 Abs. 2 AktG über die Anfechtbarkeit eines Hauptversammlungsbeschlusses, durch den ein Gesellschafter für sich oder einen Dritten Sondervorteile zum Schaden der Gesellschaft erstrebt (vgl. Rdn. 26). Eine eigene Konzernrechnungslegungspflicht mit entsprechenden Publizitätsbestimmungen kennt der RegE nicht.

Schließlich übernimmt RegE in §§ 265/66 die aktienrechtliche Regelung der wechselseitig beteiligten Unternehmen über die Mitteilungspflicht (§§ 20/21 AktG) und über die Beschränkung der Rechte aus der gegenseitigen Beteiligung (§ 328 AktG). Allerdings ist die Mitteilungspflicht des § 265 RegE auf die Aufdeckung wechselseitiger Beteiligungen von Kapitalgesellschaften beschränkt.

§ 14

Der Geschäftsanteil jedes Gesellschafters bestimmt sich nach dem Betrag der von ihm übernommenen Stammeinlage.

Übersicht

1 **Einleitung.** In § 14 erscheint erstmals der Begriff des **Geschäftsanteils,** während im Gründungsstadium in den §§ 3, 5, 7—9 von der **Stammeinlage** die Rede ist. § 14 verknüpft beide miteinander (Rdn. 3). In dieser Anordnung zeigt sich auch, daß der Geschäftsanteil erst mit der **Eintragung** der Gesellschaft, mit der Erlangung ihrer rechtlichen Selbständigkeit, entsteht.

2 **Reform.** Der RegE GmbHG verzichtet auf den Begriff der Stammeinlage und spricht deshalb schon im Gründungsstadium vom Geschäftsanteil. In Anlehnung an § 1 Abs. 2 AktG bestimmt er in § 1 Abs. 2 Satz 2, daß die GmbH ein in Geschäftsanteile zerlegtes Stammkapital hat. Damit soll zum Ausdruck gebracht werden, daß die Summe der Nennbeträge der Geschäftsanteile nicht nur — wie in § 5 Abs. 3 Satz 3 bestimmt — im Gründungsstadium, sondern auch später stets mit dem Nennbetrag des Stammkapitals übereinstimmen muß (Begr. S. 84). In § 1 Abs. 2 Satz 2 RegE ist weiter bestimmt, daß über die Geschäftsanteile auf den Inhaber lautende oder durch Indossament übertragbare **Urkunden** nicht ausgestellt werden können. Durch dieses ausdrückliche Verbot einer wertpapiermäßigen Verbriefung der Anteilsrechte, die dem geltenden Recht entspricht (Rdn. 6), soll ein grundlegender Unterschied zwischen GmbH und AG hervorgehoben werden (Begr. S. 84).

I. Der Geschäftsanteil

Schrifttum: *Feine* GmbH S. 269ff.; *Schefer* GmbH-Rdsch. **1961** 81; *Buchwald* GmbH-Rdsch. **1962** 25.

1. Inhalt und Bedeutung

3 § 14 enthält zwei Aussagen. Zunächst bestimmt er, daß der Geschäftsanteil mit einem **Nennbetrag** bezeichnet wird, dessen Höhe dem Betrag der **übernommenen** (nicht der tatsächlich geleisteten) Stammeinlage entspricht (zum Sonderfall der unwirksamen Beitrittserklärung s. § 2, 78ff., 89f.). Diese Verknüpfung beider Beträge gilt jedoch nur für den Beginn der Gesellschaft. Später können die Beträge vonein-

ander abweichen, sei es durch die Einziehung des Geschäftsanteils eines anderen Gesellschafters, sei es durch eine Kapitalerhöhung aus Gesellschaftsmitteln oder durch eine Kapitalherabsetzung (s. die Erl. zu § 34, im Anh. zu § 57 und zu § 58).

Inhalt des Geschäftsanteils ist die **Mitgliedschaft,** d. h. der Inbegriff der Rechte 4
und Pflichten des Gesellschafters (RG **82** 169) gegenüber der Gesellschaft und den Mitgesellschaftern. Die Höhe des Geschäftsanteils bestimmt das Gewinnrecht (§ 29 Abs. 2), das Stimmrecht (§ 47 Abs. 2), den Anteil am Liquidationserlös (§ 72) und den Umfang der Verpflichtungen der §§ 24, 26 Abs. 2, 31 Abs. 3. Der weitere Inhalt des § 14 ist demgemäß der, daß sich der **Umfang** der Mitgliedschaft grundsätzlich nach dem Beitrag zum Stammkapital richtet, den der Gesellschafter zu leisten versprochen hat. In der gesetzlichen Anlage zeigt sich hier ein grundsätzlicher Unterschied zur Personengesellschaft. Stimmrecht und Gewinnanteil richten sich dort nicht nach dem Kapitalanteil, sondern nach Köpfen, §§ 119 Abs. 2, 121 Abs. 3 HGB, Vorschriften, die allerdings regelmäßig abgedungen werden (vgl. Allg. Einl. Rdn. 28—30).

Bestimmt also der Nennbetrag des Geschäftsanteils den Umfang der Rechte und 5
Pflichten des Gesellschafters im Verhältnis zur Gesellschaft und seinen Mitgesellschaftern, so besagt er doch nichts über den **Wert** des Geschäftsanteils. Dieser wird vielmehr vom Wert des **Gesellschaftsvermögens** bestimmt und kann unter oder über dem Nennbetrag liegen. Die Höhe des Nennbetrags gibt nur eine relative Aus sage: Der Nennbetrag des Geschäftsanteils verhält sich zu seinem Wert wie der Nennbetrag des Stammkapitals zum Wert des Gesellschaftsvermögens. Der Geschäftsanteil vermittelt keinen unmittelbaren Anteil am Gesellschaftsvermögen. Dieses ist vielmehr dringlich der Gesellschaft kraft ihrer eigenen Rechtspersönlichkeit zugeordnet. Mittelbar und wirtschaftlich enthält aber der Geschäftsanteil einen Anteil am Gesellschaftsvermögen, der sich beim Ausscheiden (beim Verkauf des Geschäftsanteils oder bei seiner entgeltlichen Einziehung) und bei der Liquidation realisiert. Man kann deshalb diesen Inhalt des Geschäftsanteils ebenso wie beim Anteil an einer Personengesellschaft und bei der Aktie als **Wertrecht** (*Huber* Vermögensanteil, Kapitalanteil und Gesellschaftsanteil an Personalgesellschaften des Handelsrechts (1970) 165) oder **Wertanteil** (*Würdinger* Aktien- und Konzernrecht § 10 III 1a) bezeichnen.

2. Anteilscheine

Ein wesentlicher Unterschied zwischen GmbH und AG ist die Fungibilität des 6
Aktionärrechts, der Aktie (Allg. Einl. Rdn. 24, 25). Zum Zwecke der leichten Übertragbarkeit der Aktie werden über das Aktionärsrecht in aller Regel Urkunden, meistens in Nennbeträgen von 50 oder 100 DM ausgestellt, ebenfalls Aktien genannt. Auf Ausstellung und Aushändigung dieser Urkunden haben die Aktionäre Anspruch (*Meyer-Landrut* GroßkomAktG § 10 Anm. 2). Anders bei der GmbH. Die Regel ist, daß der Geschäftsanteil unverbrieft bleibt, die **Satzung** kann aber die Ausstellung von Anteilscheinen vorsehen und die Geschäftsführung kann sie auch ohne Satzungsanordnung ausstellen. Es kann auch die Ausübung von Gesellschafterrechten wie der Empfang der Dividende oder das Stimmrecht von der Vorlage des Anteilscheins abhängig gemacht werden.

Zum Unterschied von der Aktie ist der Anteilschein **kein Wertpapier.** Er kann 7
nicht an Order oder auf den Inhaber gestellt werden. Das Recht aus dem Papier folgt nicht dem Recht am Papier. Der Anteilschein ist nur eine **Beweisurkunde.** Die Satzung kann aber als weitere Voraussetzung i. S. des § 15 Abs. 5 die Wirksamkeit

der Abtretung an die Übergabe des Anteilscheins knüpfen. Dann hat der Erwerber des Geschäftsanteils einen Anspruch auf Aushändigung des Anteilscheins gegen den Veräußerer gemäß §§ 413, 402 BGB. Die Ausstellung von **Teilanteilscheinen** verstößt gegen die §§ 5 Abs. 2 und 17 Abs. 5. Sie ist unzulässig und wirkungslos.

II. Die Mitgliedschaft

Schrifttum: *Ballerstedt* Kapital, Gewinn und Ausschüttung bei Kapitalgesellschaften (1949) S. 174; *Baltzer* Die gesellschaftliche Treupflicht im Recht der AG und GmbH, Diss. Freiburg (1967); *Baumbach-Hueck* Übersicht vor § 13; *Bodenheimer* Das Gleichheitsprinzip im Aktienrecht (1933); *Enneccerus-Nipperdey* Allg. Teil d. Bürgerl. Rechts 15. Aufl. (1959/60) § 112; *v. Falkenhausen* Verfassungsrechtliche Grenzen der Mehrheitsherrschaft nach dem Recht der Kapitalgesellschaften (1967) S. 28ff.; *Fechner* Die Treubindungen des Aktionärs (1942); *Feine* S. 260; *Filbinger* Die Schranken der Mehrheitsherrschaft im Aktienrecht und Konzernrecht (1942); *R. Fischer* Die Grenzen bei der Ausübung gesellschaftlicher Mitgliedschaftsrechte, NJW **1954** 779; *ders.* Fragen aus dem Recht der GmbH JZ **1956** 363; *Flechtheim* in Düringer-Hachenburg Komm. z. HGB 3. Aufl. (1932) § 179 Anm. 7ff.; *Geiler* Die Konkretisierung des Rechtsgebots der guten Sitten im modernen Wirtschaftsrecht, Festschrift für Pinner (1932) und Beiträge zum modernen Recht (1933) S. 65; *Gierke* Die Genossenschaftstheorie und die Deutsche Rechtsprechung (1887) S. 174, 258; *ders.* Deutsches Privatrecht (1895) I 458; *A. Hueck* Recht der Generalversammlungsbeschlüsse und Aktienrechtsreform (1933); *ders.* Die Sittenwidrigkeit von Generalversammlungsbeschlüssen in: Die Reichsgerichtspraxis im deutschen Rechtsleben (1929) IV 168; *ders.* Der Treugedanke im modernen Privatrecht (1947) (Besprechung von J. v. Gierke in ZHR 111 **1948** 190ff.; *G. Hueck* Der Grundsatz der gleichmäßigen Behandlung im Privatrecht (1958); *Immenga* Die personalistische Kapitalgesellschaft (1970) S. 261; *Kisch* Das Prinzip der Gleichbehandlung bei dem Versicherungsverein a. G., ArchfRphil. 20 **1927** S. 214; *Konow* Der Grundsatz der gleichmäßigen Behandlung der GmbH-Gesellschafter bei der Gewinnverteilung GmbH-Rdsch. **1973** 121; *Kühn* Die Minderheitsrechte in der GmbH und ihre Reform (1964); *Küster* Inhalt und Grenzen der Rechte der Gesellschafter, insbesondere des Stimmrechts im deutschen Gesellschaftsrecht (1954); *Martens* Mehrheits- und Konzernherrschaft in der personalistischen GmbH (1970); *Meyer-Landrut* GroßkomAktG § 1 Anm. 34—43; *Ph. Möhring* Die nachträgliche Vinkulierung der GmbH-Geschäftsanteile GmbH-Rdsch. **1963** 201; *Müller-Erzbach* Das private Recht der Mitgliedschaft als Prüfstein eines kausalen Rechtsdenkens (1950) 228ff., 311ff.; *Obermüller* Die Minderheitenrechte in der GmbH DB **1967** 1971; *Raiser* Der Gleichheitsgrundsatz im Privatrecht ZHR 111 **1948** 75; *Ritter* Gleichmäßige Behandlung der Aktionäre JW **1934** 3026; *Riezler* Das Rechtsgefühl (1946) S. 97ff.; *Rücker* Die Entziehung von Sonderrechten eines GmbH-Gesellschafters wegen mißbräuchlicher Rechtsausübung Diss. München (1963); *Schaudwet-Paul* Die gegenseitigen Treubindungen der GmbH-Gesellschafter GmbH-Rdsch. **1970** 5; *Schilling* Wandlungen des modernen Gesellschaftsrechts JZ **1953** 489; *G. Schmidt* Einschränkung der freien Übertragbarkeit von Aktien oder Geschäftsanteilen durch Satzungsänderung DB **1955** 162; *H. M. Schmidt* Die gegenseitige Treupflicht der GmbH-Gesellschafter GmbH-Rdsch. **1960** 137; *Scholz* § 14 Anm. 7—16; *Teichmann* Gestaltungsfreiheit in Gesellschaftsverträgen (1970); *Wieacker* Zur rechtstheoretischen Präzisierung des § 242 (1956, Bespr. v. Esser JZ **1956** 555); *Wiedemann* Die nachträgliche Vinkulierung von Aktien und GmbH-Anteilen NJW **1964** 282; *ders.* Unternehmensrecht und GmbH-Reform JZ

1970 595; *ders.* Unternehmerische Verantwortlichkeit und formale Unternehmensziele in einer zukünftigen Unternehmensverfassung, Festschr. f. C. H. Barz (1974) S. 561; *Wieland* II 183; *Weipert* Verschmelzung und Umwandlung von Kapitalgesellschaften und allgemeine Mitgliedsrechte ZHR 110 **1944** 23; *Wolany* Rechte und Pflichten des Gesellschafters einer GmbH (1964); *Zöllner* Die Schranken mitgliedschaftlicher Stimmrechtsmacht bei den privatrechtlichen Personenverbänden (1963) 287.

1. Arten von Mitgliedsrechten

a) Verwaltungs- und Vermögensrechte

Der Art nach können die Mitgliedsrechte einmal eingeteilt werden in **Verwaltungs- und Vermögensrechte** (*Flechtheim*: Forderungs- und Gestaltungsrechte, *Enneccerus-Nipperdey*: Organschafts- und Wertrechte). Zu den Verwaltungsrechten zählen vor allem das Stimmrecht, ferner die Minderheitsrechte der §§ 50, 61 und 66 und das Recht zur Anfechtung von Gesellschafterbeschlüssen (Anhang zu § 47). Vermögensrechte sind das Recht auf Anteil am Gewinn und am Liquidationserlös. Eine Gesellschafterpflicht vermögensrechtlicher Art ist die Einlagepflicht. **Pflichten** organschaftlicher Art kennt das Gesetz nicht. Wohl aber kann sie die Satzung festlegen, die überhaupt über das Gesetz hinaus Rechte und Pflichten der Gesellschafter schaffen kann. Die Pflichten aus der Mitgliedschaft sind die im Gesetz und in der Satzung enthaltenen. Sie entspringen gleich den Rechten aus der Beteiligung. Eine Verwirkung der Rechte wegen Verletzung der Verpflichtungen kennt das Gesetz nur für den Fall der Säumnis der Einzahlung der Geldeinlage (§§ 21 ff.). In den anderen Fällen ist nur eine Einziehung des Geschäftsanteils möglich (s. die Erl. zu § 34). Über Einführung von Pflichten oder Erhöhung derselben nach der Entstehung der Gesellschaft vgl. § 53 Abs. 3 und die Erl. hierzu. 8

b) Allgemeine Mitgliedsrechte und Vorzugsrechte (Sonderrechte)

Man unterscheidet ferner allgemeine Mitgliedsrechte und Vorzugsrechte. Jene stehen allen Gesellschaftern zu, diese sind eine bevorzugte mitgliedschaftliche Rechtsstellung einzelner. Sie können nach dem auch hier geltenden § 35 BGB nicht ohne **Zustimmung** des Berechtigten beeinträchtigt, insbesondere entzogen werden. Ein Vorrecht, das in der Satzung als ohne Zustimmung des Berechtigten entziehbar verliehen wurde, ist kein Vorzugsrecht. Eine früher vertretene Meinung sah alle unentziehbaren Rechte, also auch solche, die allen Gesellschaftern gleichmäßig zustehen, als **Sonderrechte** an. Das mag darauf zurückgehen, daß *Gierke* den Ausdruck in einem anderen Sinne gebrauchte. Er verstand unter körperschaftlichen Sonderrechtsverhältnissen alle diejenigen Rechte und Pflichten, die sowohl der dem Gesamtwillen unterstehenden Sozialsphäre als auf Grund einer dem Körperschaftsrecht eigenartigen Verflechtung auch der körperschaftsfreien Individualsphäre (Sondersphäre des einzelnen Gesellschafters) angehören. Daneben stellte *Gierke* die Vorrechte einzelner Mitglieder. Die engere, auch hier vertretene Meinung, die als Sonderrechte nur die Vorzugsrechte ansieht, ist heute herrschend (BGH NJW **1969** 131; MDR **1970** 913; DB **1974** 1857; *Staudinger-Coing* § 35 Anm. 4ff.; *Steffen* BGB-RGRK § 35 Rdn. 1). Der Standpunkt des Reichsgerichts war schwankend. Bald hat es Sonderrecht mit Vorrecht gleichgesetzt (RGZ **49** 151; **104** 256; **170** 367), bald hat es einen weiteren Standpunkt eingenommen (RGZ **49** 198; **57** 174; **68** 212; HRR **1929** 1558; **1932** 1287; RGZ **136** 190). 9

10 Vorzugsrechte sind **Mitgliedsrechte.** Sie stehen dem Gesellschafter als solchem zu. Sie gehen daher mit der Veräußerung eines Geschäftsanteils auf den Erwerber über oder, wenn sie höchst persönlich sind, mit dem Verlust der Mitgliedschaft unter. Sie können einzelnen Gesellschaftern zustehen, oder einer Gruppe von Gesellschaftern, müssen aber immer ein Vorrecht gegenüber den anderen (jetzigen oder zukünftigen) Gesellschaftern oder Gruppen zum Inhalt haben. Über Sondervorteile s. § 3, 100 und § 5, 147ff., über die Ausgabe von Vorzugsgeschäftsanteilen s. § 5, 137ff., über Dritt- oder Gläubigerrechte s. Rdn. 16, 17. Die Vorzugsrechte können **Verwaltungsrechte** sein, so ein erhöhtes Stimmrecht oder das Recht, Geschäftsführer zu sein oder einen solchen zu bestellen, oder **Vermögensrechte,** so auf erhöhten Anteil am Gewinn- und Liquidationserlös. Immer müssen sie in der **Satzung** begründet werden, entweder im ursprünglichen oder — unter Beachtung des Grundsatzes der gleichmäßigen Behandlung der Gesellschafter (Rdn. 18) — durch Satzungsänderung (RGZ **170** 358, 367; BGH NJW **1969** 131). Dabei ist die Aufnahme in die Satzung nicht allein entscheidend; ausschlaggebend ist, ob dadurch ein auf der **Mitgliedschaft** beruhendes Vorzugsrecht verliehen werden soll (RGZ **170** 367). Das alles gilt auch für die **Sonderpflichten.** Sowenig Vorzugsrechte durch Mehrheitsbeschluß entzogen, können Sonderpflichten durch Mehrheitsbeschluß auferlegt werden (s. die Erl. zu § 53 Abs. 3). Über Nebenleistungspflichten s. § 3, 52ff., über Parallelrechte hierzu § 3, 70.

11 Die Ausübung des Vorzugsrechts, wie die aller Mitgliedsrechte, unterliegt dem Gebot der **Treupflicht** (Rdn. 23ff.) und kann im Einzelfall Rechtsmißbrauch darstellen. Ebenso kann es im Einzelfall durch einen vom Gesetz statuierten, daher zwingenden wichtigen Grund beseitigt werden, so bei § 38 Abs. 2. Schließlich kann das Vorzugsrecht aus **wichtigem Grund** auch ganz **entzogen** werden (*Rücker* S. 90, *Scholz* S. 13, *Wolany* S. 180, anders die Voraufl. Anm. 18). Das ergibt sich aus der Zulässigkeit der Ausschließung eines Gesellschafters aus wichtigem Grund (Anh. zu § 34). Wenn die Mitgliedschaft als Ganzes entzogen werden kann, so muß dies auch für Teile gelten. Die Entziehung des Vorzugsrechts kann auch nach dem Grundsatz der Erforderlichkeit als milderes Mittel der Ausschließung vorgehen. So kann ein Gesellschafter als Geschäftsführer unzumutbar sein, als Gesellschafter aber zumutbar. Die Entziehung erfolgt durch **satzungsändernden Gesellschafterbeschluß.** Wegen des Vorliegens eines wichtigen Grundes bedarf es weder der Zustimmung des Betroffenen (Rdn. 12) noch hat er bei der Beschlußfassung ein Stimmrecht (s. die Erl. zu § 47). Eines gerichtlichen Gestaltungsurteils, das bei der Ausschließung wegen der Schwere des Eingriffs und des damit verbundenen Verlustes des Geschäftsanteils für erforderlich gehalten wird (BGHZ **9**, 166; s. Anh. zu § 34), bedarf es hier nicht (**a. M.** *Rücker* S. 122). Andrerseits genügt auch nicht ein Gesellschafterbeschluß mit einfacher Mehrheit (so *Scholz* 13 und *Wolany* S. 180) wie beim Widerruf der Bestellung aus wichtigem Grund nach § 38 Abs. 2. Durch diesen Widerruf wird nur die Bestellung beseitigt, das Vorzugsrecht bleibt bestehen (*Rücker* 118). Dieses wird durch die Satzung verliehen (Rdn. 10) und kann nur durch deren Änderung beseitigt werden.

12 Beschlüsse, welche in Vorzugsrechte ohne Vorliegen eines wichtigen Grundes (Rdn. 11) eingreifen, sind **unwirksam** (RGZ **170** 358, 368; BGHZ **15** 177, 181, BGH GmbH-Rdsch. **1962** 212). Es bedarf keiner Anfechtung. Die Feststellung der Unwirksamkeit erfolgt im Wege der Feststellungsklage gegen die Gesellschaft (RG WarnRspr. **1918** Nr. 133). Der Gesellschafter kann sich auch des Einwandes der Ungültigkeit des Beschlusses ihm gegenüber bedienen. Fehlt es an der **Zustimmung,** so kann der Beschluß durch die nachträgliche Genehmigung gültig werden. Eines

erneuten Beschlusses bedarf es nicht. Solange die Erklärung des Vorzugsberechtigten aussteht, ist die Wirksamkeit des Beschlusses in der Schwebe (*Hueck* Recht der Generalversammlungsbeschlüsse S. 27; RGZ **136** 189; *Scholz* 14). Die Ungewißheit kann durch eine Aufforderung der Gesellschaft beendet werden. Sie kann dem Vorzugsberechtigten eine Frist setzen. Schweigt er bis zum Ablauf, so gilt die Zustimmung als versagt (§ 108 Abs. 2, § 177 Abs. 2 BGB). Stimmt er in der Gesellschafterversammlung sofort gegen den Beschluß oder lehnt nachträglich die Genehmigung ab, so ist der Beschluß nicht mehr heilbar. Die Unwirksamkeit steht endgültig fest. Es gibg keine nachträgliche Zustimmung des Vorzugsberechtigten mehr. Es bedarf eines neuen Beschlusses. Hierbei ist kein Gesellschafter mehr an seine frühere Abstimmung gebunden.

c) Entziehbare und unentziehbare Rechte

Das GmbHG enthält keine ausdrücklichen Bestimmungen darüber, ob die den **13**
Gesellschaftern im Gesetz verliehenen Rechte entzogen oder beschränkt werden können oder ob sie unentziehbar und unbeschränkbar, verzichtbar oder unverzichtbar sind (s. Rdn. 14, 15). Jedenfalls kann eine Mitgliedschaft (ein Geschäftsanteil) nicht so sehr aller Rechte entkleidet werden, daß eine **Teilnahme am gesellschaftlichen Leben** ausgeschlossen ist (vgl. RGZ **167** 65, 73). Das ergibt sich schon aus der zwingenden Natur der Minderheits- und Einzelrechte (Rdn. 14). BGHZ **14** 264 (270, 273) zieht die Grenzen enger, indem er zwar den Ausschluß von Gewinn- und Stimmrecht zuläßt, nicht aber daneben auch den vom Liquidationserlös. Dem ist entgegenzuhalten, daß das Gesetz in § 45 die Ausgestaltung der Rechte, welche den Gesellschaftern in den Angelegenheiten der Gesellschaft zustehen, dem Gesellschaftsvertrag überläßt, also insoweit Vertragsfreiheit statuiert und daß auch einer Person, die ohne Stimmrecht und ohne Vermögensrechte, aber mit den unverzichtbaren Rechten (Rdn. 14) ausgestattet ist, die Qualität eines Gesellschafters nicht abgesprochen werden kann.

Unverzichtbar (absolut unentziehbar) sind diejenigen Gesellschafterrechte, auf **14**
die im voraus und allgemein nicht verzichtet, die also weder im Gründungsstatut noch später durch einstimmigen Satzungsänderungsbeschluß ausgeschlossen oder eingeschränkt werden können. Kraft ihrer Rechtsnatur halten sie auch der Gestaltungsfreiheit des § 45 stand. Es sind dies die Rechte, die dem Gesellschafter unabhängig davon, ob er allein oder zusammen mit andern die für Gesellschafterbeschlüsse erforderliche Mehrheit besitzt, die Teilnahme am Gesellschaftsleben gestatten (Rdn. 13). Das sind einmal die vom Gesetz selbst nur spärlich gegebenen **Minderheitsrechte** der §§ 50, 61 und 66. Es ist ferner das Recht zur Geltendmachung der **Nichtigkeit** und der **Anfechtung** von Gesellschafterbeschlüssen (Anhang zu § 47), auf **Teilnahme** an der **Gesellschafterversammlung** (s. die Erl. zu § 48), auf **Auskunft** und **Einsicht** von Unterlagen bei Vorliegen eines wichtigen Grundes (Kontrollrecht, s. die Erl. zu § 45) und schließlich das **Austrittsrecht** aus wichtigem Grund (Anh. zu § 34). Das gilt bezüglich der Rechte aus § 50 und auf Teilnahme an der Gesellschafterversammlung mit der Maßgabe, daß für sie auch die Wahrnehmung durch einen gemeinsamen Vertreter angeordnet werden kann (Rdn. 36). Unentziehbarkeit bedeutet im übrigen nicht **Unübertragbarkeit** (Rdn. 31 ff.). Auch die unentziehbaren Rechte sind übertragbar, soweit sie nicht zum Kernbereich der Mitgliedschaft gehören (Rdn. 33).

Von den unverzichtbaren sind die (relativ) **unentziehbaren** Mitgliedsrechte zu **15**
unterscheiden. Sie können (nur) mit Zustimmung des betroffenen Gesellschafters entzogen werden. Das gilt zunächst für die **Mitgliedschaft** selbst (vgl. § 34), sodann

für die Grundmitgliedsrechte, nämlich das **Stimmrecht,** das **Gewinnrecht** und das Recht auf den **Liquidationsanteil** (vgl. BGHZ **14** 264). Die Unentziehbarkeit besteht aber nur im Sinne einer **völligen Beseitigung** dieser Rechte, z. B. beim Gewinnrecht durch Änderung des Erwerbszwecks in einen idealen (vgl. § 33 Abs. 1 Satz 2 BGB). Unter Wahrung der in Rdn. 18ff. dargestellten Rechtsgrundsätze der Gleichbehandlung, der gesellschaftlichen Treupflicht und der guten Sitten können auch die Grundmitgliedsrechte im einzelnen **gestaltet** werden. So kann z. B. das Recht auf Gewinnausschüttung (§ 29) durch satzungsändernden Mehrheitsbeschluß zugunsten der Rücklagenbildung beschränkt werden (vgl. die Erl. zu § 29). Die Unentziehbarkeit kann sich auch aus **Inhalt und Zweck** des Rechts ergeben, so beim Abandonrecht im Falle der unbeschränkten Nachschußpflicht (§ 27). Verlangt die Satzung für eine Maßnahme die **Zustimmung aller Gesellschafter,** z. B. für die Übertragung eines Geschäftsanteils, so ist in der Regel anzunehmen, daß diese Satzungsvorschrift auch nur mit Zustimmung aller Gesellschafter aufgehoben oder eingeschränkt werden darf.

2. Dritt- oder Gläubigerrechte

16 Das sind alle Rechte des Gesellschafters gegenüber der Gesellschaft, die ihm unabhängig von seiner Mitgliedschaft wie jedem Dritten zustehen, z. B. Ansprüche aus Kauf, Darlehen, Dienstvertrag. Der Gesellschafter ist hier Gläubiger aus einem **Schuldverhältnis** des Zivilrechts. Diese Rechte bilden keinen Bestandteil des Geschäftsanteils. Sie gehen ohne besondere Abtretung nicht mit dessen Übertragung auf den Erwerber über. Es gibt solche Rechte (und Pflichten), die mit dem **Mitgliedschaftsverhältnis** zusammenhängen. So, wenn die Gesellschafter als solche verpflichtet sind, der Gesellschaft Darlehen zu gewähren oder ihre Produkte zu verkaufen. Der auf Grund dieser Mitgliedsverpflichtung erfolgende Vertragsabschluß selbst gehört aber dem Gebiete des **Schuldrechts** an (§ 3, 62, 74ff.). Die hieraus entstehenden Rechte und Pflichten beider Teile sind nicht Bestandteil des Geschäftsanteils. Die Darlehnsforderung muß neben dem Geschäftsanteil übertragen werden. Ein Anspruch des Veräußerers auf Übernahme auch dieser Forderung an die Gesellschaft besteht gegenüber dem Erwerber des Geschäftsanteils nur, wenn dies vereinbart ist. Durch einen **Gesellschafterbeschluß** kann über diese Rechte ohne Zustimmung des Berechtigten nicht verfügt werden (BGHZ **15** 181). Möglich ist aber, daß der Gesellschaftsvertrag solche Beschlüsse vorsieht. Dann greifen sie in die Privatrechtsphäre des Gläubigers ein. Dieser hat bei der Entstehung seines Anspruchs ihn nur mit diesem Recht des Schuldners behaftet erworben. So, wenn im Gesellschaftsvertrag festgesetzt ist, daß die Zahlung für die statutarisch den Gesellschaftern obliegenden Leistungen durch Mehrheitsbeschluß der Gesellschafterversammlung hinausgeschoben werden darf. Einschränkungen der Rechte des Gläubiger-Gesellschafters können sich auch aus seinem Treueverhältnis zur Gesellschaft ergeben (§ 3, 74).

17 Hierher gehören auch Ansprüche, die sich **von der Mitgliedschaft ablösen** und selbständige Forderungsrechte werden, wie der nach Eintritt der gesetzlichen und statutarischen Bedingungen entstandene Dividendenanspruch des Gesellschafters und der anteilige Anspruch auf den Liquidationserlös gemäß § 72. **Sondervorteile** sind keine Gläubigerrechte (§ 5, 149ff.). *Scholz* 9 unterscheidet je nach der Entstehung des Rechtes zwischen Drittgläubiger- und Gläubigerrechten. Als Gläubigerrechte bezeichnet er solche, die aus dem Gesellschaftsrecht entsprungen und zu einem Gläubigerrecht geworden sind, aber noch gesellschaftsrechtlichen Schranken (z. B. § 30) unterworfen sind. Drittgläubigerrechte sind für ihn Ansprüche aus Rechtsgeschäften, die ein Gesellschafter wie ein Dritter mit der Gesellschaft abgeschlossen hat.

3) Rechtsgrundsätze für die Mitgliedschaft

a) Der Grundsatz der gleichmäßigen Behandlung (Gleichheitsgrundsatz)

Bei dem Abschluß des Gesellschaftsvertrags sind die Gesellschafter in der Gestaltung ihrer Rechte und Pflichten frei, soweit nicht zwingende Bestimmungen des Gesetzes (vgl. Rdn. 14) entgegenstehen. Sie können sie ungleich gestalten, einzelne Gesellschafter oder Gruppen von solchen bevorzugen, andere benachteiligen. Das ergibt sich aus dem Prinzip der **Vertragsfreiheit,** das im GmbH-Recht herrscht (§ 45). Sobald aber die Gesellschaft entstanden ist und das gesellschaftliche Leben beginnt, besteht kraft des Mehrheitsprinzips und kraft der den Organen — Gesellschafterversammlung, Geschäftsführung, Aufsichtsrat — eingeräumten Rechte ein Machtverhältnis der Gesellschaft über den Gesellschafter und der Mehrheit über die Minderheit. Es ist ein sowohl dem privaten wie dem öffentlichen Verbandsrecht (Staatsrecht) immanenter Grundsatz, daß der Machthaber die seinem Willen unterworfenen Personen gleichmäßig zu behandeln hat. Der Gleichheitsgrundsatz bedeutet damit auch eine wesentliche **Schranke der Mehrheitsherrschaft.** Er kommt auch in der einschlägigen Gesetzesbestimmungen zum Ausdruck, so daß er auch deshalb als allgemeiner Grundsatz zu erkennen ist, vgl. die §§ 19 Abs. 1, 24, 26 Abs. 2 und 3, 29 Abs. 2, 31 Abs. 3, 47 Abs. 2, 72. Alle diese Bestimmungen verlangen die gleiche Behandlung der Gesellschaften entsprechend ihrer Kapitalbeteiligung. Es handelt sich also nicht um eine Gleichheit nach Köpfen, sondern nach den **Nennbeträgen der Beteiligung.** Das entspricht dem Charakter der Kapitalgesellschaft. Auch § 14 bringt dies zum Ausdruck, wenn er den Geschäftsanteil, also die Rechte und Pflichten der Gesellschafter nach dem Betrag der übernommenen Stammeinlage bestimmt. § 14 ist nach *Feine* (S. 260) die dispositive Generalregel, nach welcher Rechte und Pflichten der Gesellschafter im Zweifel nach dem Verhältnis der von ihnen übernommenen Stammeinlagen zu bemessen oder zu verteilen sind. Aus dem Grundsatz von Treu und Glauben ist der Gleichheitsatz nicht herzuleiten, wie *Ritter* JW **1934** 325 und *Scholz* 12 annehmen. Der Gleichheitsatz hat vielmehr neben dem Grundsatz von Treu und Glauben selbständigen Rang. Zur Geltung des Gleichheitsgrundsatzes äußern sich kritisch für das GmbH-Recht *Konow*, für das Aktienrecht *Wiethölter* Interessen und Organisation der Aktiengesellschaft im amerikanischen und deutschen Recht (1961) S. 103, für beide Rechte *v. Falkenhausen* 30. 18

Der Gleichheitsgrundsatz bedeutet **Willkürverbot.** Ungleiches darf ungleich behandelt werden. So gilt der Grundsatz der Gleichmäßigkeit bei der Einforderung der Stammeinlage (§ 19 Abs. 1) nur, wenn alle Gesellschafter leistungsfähig sind. Sonst würde die Unfähigkeit des einen Gesellschafters die Nichtzahlung aller anderen nach sich ziehen (RGZ **149** 293). Das würde wiederum dem Ziel des Gesetzes, die Schaffung und Erhaltung des Gesellschaftskapitals, widersprechen. Unerheblich ist, ob die Maßnahme sich bei den einzelnen Gesellschaftern, je nach ihren persönlichen (außerkörperschaftlichen) Verhältnissen, verschieden auswirkt (RGZ **68** 212; *Feine* S. 277, *Müller-Erzbach* S. 75). Denn das Gesellschaftsverhältnis betrifft nur einen Teilbereich des Gesellschafters. Nur in diesem Bereich herrscht der Gleichheitssatz. Und nur soweit sich in ihm Unterschiede ergeben, können sie eine unterschiedliche Behandlung begründen. 19

Ist der Grundsatz der Gleichbehandlung im Vermögensbereich verletzt, erhält ein Gesellschafter unter gleichen Voraussetzungen und entsprechend seiner Kapitalbeteiligung mehr oder weniger als andere Gesellschafter, so liegt eine **verdeckte Gewinnausschüttung** vor; s. dazu ausführlich *Ballerstedt*, dem sich der BGH in seinem Urteil vom 15. 5. 1972 (LM § 29 Nr. 2 = DB **1972** 1575 = BB **1972** 894) an- 20 geschlossen hat. Die Verletzung des Gleichbehandlungsprinzips gibt dem betroffenen Gesellschafter einen Anspruch auf Wiederherstellung der Gleichheit (zur Gesellschafterklage s. § 13, 8). Entweder müssen die begünstigten Gesellschafter die unberechtigten Vorteile an die Gesellschaft **zurückgewähren** oder diese hat dem benachteiligten Gesellschafter eine **gleichartige Leistung** zu erbringen (*Ballerstedt* S. 175, BGH aaO). Ist weder das eine noch das andere rechtlich und tatsächlich möglich oder den Beteiligten zumutbar, so hat der Gesellschafter gegen die Gesellschaft einen **Ausgleichsanspruch** (BGH LM GenG § 18 Nr. 2 = DB **1960** 978 = BB **1960** 880). Bei der Leistung an den Gesellschafter ist § 30 zu beachten.

21 Erfolgt der Verstoß gegen den Gleichheitssatz durch einen **Gesellschafterbeschluß,** so ist dieser nicht (mangels Zustimmung des Betroffenen) unwirksam, sondern muß durch eine **Anfechtungsklage** (s. Anh. zu § 47) beseitigt werden (herrsch. M., RGZ **118** 68; JW **1927** 2982[2]; **1935** 1776[10]; *Baumbach-Hueck* Üb. vor § 13, 2C; *Wolany* S. 165; *G. Hueck* S. 311 m. weit. Nachw.; *Zöllner* S. 416; für das Aktienrecht u. a. *Schilling* GroßkomAktG § 243 Anm. 20, s. auch Anh. zu § 47). **Lehnt** die Gesellschafterversammlung einen Antrag des verletzten Gesellschafters auf Wiederherstellung der Gleichheit **ab,** so braucht der Gesellschafter nicht anzufechten, um sich seinen Anspruch gegen die Gesellschaft zu erhalten (BGH LM § 29 Nr. 2, vgl. Rdn. 20). Die Meinung (von *Scholz* 14, *Wiedemann* GroßkomAktG § 179 Anm. 8b, auch *Fischer* JZ **1956** 363 neigt zu ihr), die Anfechtung erübrige sich, weil der Beschluß mangels Zustimmung des Betroffenen unwirksam sei, ist abzulehnen. Ein Beschluß ist nur dann unwirksam, wenn zur Abstimmung der Gesellschafter noch nach Gesetz oder Satzung ein weiteres Erfordernis hinzukommen muß und dieses fehlt (BGHZ **48** 141, 143). Aus Gründen der Rechtssicherheit ist die Unwirksamkeit auf die Fälle zu beschränken, in denen das Gesetz oder die Satzung ausdrücklich die Zustimmung verlangt. Im übrigen ist von der Regel (auch die Nichtigkeitsfälle bilden eine Ausnahme) auszugehen, daß ein Gesellschafterbeschluß für die Gesellschaft Recht schafft. Fühlt sich ein Gesellschafter durch ihn ungleich behandelt, so muß er sich durch eine Anfechtungsklage wehren (s. auch Anh. zu § 47).

Sonstige Einzelfälle

22 Die Festsetzung verschiedener **Rabattsätze** für verschiedene Mitgliedergruppen (eines Vereins) verstößt nicht gegen den Gleichheitssatz, wenn sie alle Mitglieder gleichmäßig treffen kann und nach sachlich gerechtfertigten Gesichtspunkten vorgenommen ist (RG JW **1938** 1329).[32] Ändert eine Genossenschaft ihre Satzung dahin, daß bei bestimmten Lieferungen eine **Preisermäßigung** gewährt werden darf, so ist das zulässig, wei die Bestimmung allen Mitgliedern zugute kommen kann (RG HRR **1932** 1287). Unbedenklich ist auch eine in der Satzung vorgesehene **Verlosung** (RGZ **120** 180). Der Zufall gibt jedem die gleiche Chance. Zulässig ist eine Satzungsänderung, wonach **Wettbewerber** der Gesellschaft sich in der Gesellschafterversammlung durch Geschäftsführer oder Mitglieder des Aufsichtsrats vertreten lassen müssen (RGZ **80** 389). Sie kann alle Gesellschafter gleichmäßig treffen. Gegen den Gleichheitsgrundsatz verstößt aber ein Beschluß, wonach Inhaber von **Vorzugsaktien,** falls sie ein von der Gesellschaft verlangtes Darlehen nicht gewähren wollen, nicht nur die bisherigen Vorzugsrechte verlieren, sondern auch in ihren allgemeinen Mitgliedsrechten gegenüber den Stamm-Aktionären verkürzt werden (RGZ **41** 99, vgl. auch § 5, 140f.). Die **Verschmelzung** zweier AG gegen Gewährung stimmrechtsloser Vorzugsaktien an die Aktionäre der übertragenden Gesellschaft, während die Aktionäre der übernehmenden ihr Stimmrecht behalten, bedarf wegen der darin

liegenden ungleichen Behandlung der Zustimmung aller Gesellschafter der übertragenden Gesellschaft (*Weipert* ZHR **110** (1943) 23 gegen *von Godin* DJ **1939** 1165 und *Klausing* AktZtschr. **1939** 505). Denn der Gleichheitssatz gilt bei einer Verschmelzung nicht nur innerhalb jeder der beiden Gesellschaften, sondern bezüglich der nach der Verschmelzung bestehenden Mitgliedsrechte auch im Verhältnis der Aktionäre beider Gesellschafter, die ja in Zukunft Aktionäre derselben Gesellschaft sein werden. Das Prinzip der verhältnismäßigen Gleichbehandlung wirkt sich auch bei der **Kapitalerhöhung** und **Kapitalherabsetzung** aus. Wenn für die Erhaltung der bisherigen Rechte oder den Erwerb von Vorzugsgeschäftsanteilen Zuzahlungen gefordert werden, so muß deren Höhe den erhaltenen oder neu zu erwerbenden Rechten entsprechen. Es ist deshalb nicht zulässig, daß die nicht zuzahlenden Aktionäre für je 2 Aktien eine erhalten, also 50% einbüßen, während nur eine Zuzahlung von 40% des Nennbetrages gefordert wird (RGZ **80** 81). Bei der Liquidation der Gesellschaft darf eine **Verteilung des Vermögens in Natur** nur beschlossen werden, wenn sie gleichmäßig, d. h. den Nennbeträgen entsprechend, vorgenommen wird (RGZ **62** 60). Soweit die vorstehenden Entscheidungen für den Verein, die Genossenschaft oder die Aktiengesellschaft ergangen sind, können sie auch für die GmbH Geltung beanspruchen.

b) Die gesellschaftliche Treupflicht

Die GmbH ist ein **Personenverband,** der in seiner typischen Erscheinungsform **personenbezogen** und, was die Verbundenheit der Gesellschafter untereinander betrifft, der Personengesellschaft ähnlich ist, sodaß neben den **Rechtsbeziehungen** zwischen Gesellschaft und Gesellschaftern auch solche **der Gesellschafter untereinander** anzunehmen sind (Allg. Einl. 4, 15, 31, § 13, 5—7). Das sich aus der persönlichen Verbundenheit ergebende und für den ungestörten Ablauf des Gesellschaftslebens notwendige Vertrauensverhältnis steigert die allgemein im Gesellschaftsrecht geltende Regel von Treu und Glauben zur **Treupflicht** zwischen Gesellschaft und Gesellschaftern und der Gesellschafter untereinander. Daß sich Gesellschaft und Gesellschafter gegenseitig treupflichtig sind, ist heute weitgehend anerkannt (BGHZ **9** 157, 163; **14** 25, 38; *Baumbach-Hueck* Üb. vor § 13, 2B; aus dem neueren Schrifttum: *Wolany* 103, *Zöllner* 335; *Immenga* 261, 271 m. weit. Nachw., *Martens* 119, *Teichmann* 168). Soweit Rechtsbeziehungen der Gesellschafter untereinander bejaht werden (§ 13, 6, 7), ergibt sich daraus auch ein Treupflichtverhältnis zwischen ihnen. 23

Gegenstand der Treupflicht gegenüber der Gesellschaft sind die Interessen der Gesamtheit der Gesellschafter und des von der Gesellschaft betriebenen Unternehmens. Die dem Gesellschafter geschuldete Treupflicht erstreckt und beschränkt sich auf dessen gesellschaftliche Interessen, auf seine Teilhabe an der Gesellschaft. **Inhalt** der Treupflicht ist es, diese Interessen zu wahren und zu fördern und damit auch deren Schädigung zu unterlassen. Das gilt insbesondere im Verhältnis der **Mehrheit zur Minderheit.** Die beschließende und entscheidende Mehrheit handelt organschaftlich für die Gesellschaft und ist damit auch für die Interessen der Minderheit verantwortlich (vgl. für die AG *Schilling* GroßkomAktG § 243 Anm. 18). Anders als bei der Kommanditgesellschaft und der Aktiengesellschaft ist die Gesamtheit der Gesellschafter zugleich oberstes Geschäftsführungsorgan, vgl. §§ 37, 45 und die Erl. hierzu. Die in den Angelegenheiten der **Geschäfsführung** beschließende Mehrheit trifft damit auch eine entsprechende **Sorgfaltspflicht,** s. Rdn. 26. Für die Ausübung aller Mitgliedsrechte gelten die Grundsätze der **Verhältnismäßigkeit** und **Erforder-** 24

lichkeit (*Zöllner* S. 351). Mittel und Zweck dürfen nicht in einem Mißverhältnis stehen. Bei Eingriffen in die Rechte der Mitgesellschafter ist das schonendste Mittel anzuwenden, sie dürfen nicht über das Erforderliche hinausgehen.

25 Das Vorstehende gilt im Grundsatz auch für die Ausübung von Mitgliedsrechten durch den **einzelnen Gesellschafter** oder die **Minderheit.** Der Satz der Vorauflage (Anm. 26), der einzelne Gesellschafter brauche im allgemeinen seine eigenen Interessen nicht hinter die der Gesellschaft zurückzustellen, wird nicht aufrechterhalten. Richtig ist und entspricht dem in Rdn. 24 Ausgeführten, daß die **Minderheit** ihre gesellschaftlichen Interessen nicht hinter die der **Mehrheit** zurückzustellen braucht. So ist er auch in dem vom BGHZ **14** 25 (38) entschiedenen Fall anzuwenden. Das dort von der Mehrheit vorgekehrte Gesellschaftsinteresse an der Abschaffung der in der Satzung vorgesehenen, dem Minderheitsschutz dienenden 9/10 Mehrheit für einen Satzungsänderungs- oder Auflösungsbeschluß war in Wahrheit das Mehrheitsinteresse. Treupflicht gegenüber der Gesellschaft bedeutet nicht Treupflicht gegenüber der Mehrheit (vgl. auch BGH GmbH-Rdsch. **1970** 232). Aber den Interessen der Gesellschaft i. S. von Gesellschaftergesamtinteresse und Unternehmensinteresse (Rdn. 24) sind auch der einzelne Gesellschafter und die Minderheit verpflichtet. So darf ein Gesellschafter von dem ihm als Sonderrecht verliehenen Entsendungsrecht in den Aufsichtsrat keinen das Gesellschaftsinteresse gefährdenden Gebrauch machen, z. B. durch Entsendung eines Wettbewerbers der Gesellschaft (RGZ **163** 207).

26 Verstößt ein **Gesellschafterbeschluß** gegen die Treupflicht, so ist er wegen Verletzung des Gesetzes **anfechtbar** (s. Anh. zu § 47). Enthält der Beschluß eine **Weisung** an die Geschäftsführer in Angelegenheiten der Geschäftsführung, so ist darüberhinaus zu fragen, ob die beschließenden Gesellschafter für eine **Sorgfaltspflichtverletzung** entsprechend § 43 einzustehen haben. Die Frage wird meistens verneint mit der Begründung, eine Haftung des Gesellschafters für die Ausübung seines Stimmrechts sei dem geltenden Recht fremd. So will BGHZ **31** 258, 278 eine Haftung nur aus vorsätzlicher sittenwidriger Schädigung gemäß § 286 BGB herleiten. (Weitere Nachweise und Kritik bei *Zöllner* S. 426ff.). Dieser Satz kommt zwar noch in § 117 Abs. 7 Nr. 1 AktG zum Ausdruck, ist aber für das Konzernrecht in den §§ 311, 317, 318 AktG beseitigt worden. Diese Vorschriften gelten auch, wenn die Nachteilszufügung durch einen Hauptversammlungsbeschluß erfolgt (RegBegr. z. AktG 1965 bei *Kropff* S. 408). Während die Haftungsausschlußbestimmung des § 117 Abs. 7 Nr. 1 AktG mit der Selbständigkeit des Vorstands in der Leitung der Gesellschaft (§ 76 AktG) korrespondiert, berücksichtigen die §§ 311ff. AktG dessen faktische Abhängigkeit von dem herrschenden Unternehmen. Die Geschäftsführer der GmbH sind nicht nur faktisch, sondern aufgrund der Bestimmungen der §§ 37, 45 auch rechtlich den **Weisungen der Gesellschafter unterworfen.** Eine Fortentwicklung des Gläubiger- und Minderheitschutzes im GmbH-Recht kann daher nicht in einer unveränderten Übernahme des § 117 AktG (so der RegEntw. in § 126) bestehen, sondern eher wegen der Abhängigkeit der Geschäftsführer in Anlehnung an die Haftungsbestimmungen des aktienrechtlichen Konzernrechts. Auch die Bestimmungen des § 309 Abs. 4 Satz 1 und 2 AktG über die Geltendmachung des Ersatzanspruchs der Gesellschaft durch jeden Gesellschafter lassen sich für die GmbH verwerten, zumal hier die **Gesellschafterklage** (actio pro socio) allgemein für zulässig zu halten ist, § 13, 8. Das Gleiche gilt für § 317 Abs. 1 Satz 2 AktG (ebenso § 117 Abs. 1 Satz 2) hinsichtlich des weitergehenden Schadens der Gesellschafter. Die Berechtigung dieses Anspruchs läßt sich unmittelbar aus den zwischen der Gesellschaftern bestehenden Rechtsbeziehungen herleiten, die gegenseitig zur Treue verpflichten, § 13, 6, 7.

Die Haftung aus Treupflichtverletzung setzt **Verschulden** voraus, Vorsatz oder Fahrlässigkeit, vgl. § 276 BGB. Überhaupt sind die schuldrechtlichen Bestimmungen des BGB entsprechend anwendbar. Für die Haftung aus einem **Weisungsbeschluß** ist entsprechend § 43 die Verletzung der Sorgfaltspflicht eines **ordentlichen Geschäftsmanns** zu verlangen. Dabei ist ein Spielraum **unternehmerischen Ermessens** einzuräumen, innerhalb dessen ein Verschulden ausscheidet. Auch ein ordentlicher Geschäftsmann kann und muß ein unternehmerisches Risiko eingehen, um eine unternehmerische Chance wahrzunehmen. Im Schrifttum wird eine Haftung für gesellschaftschädliche organschaftliche Weisungen auf der Grundlage einer Treupflichtverletzung bejaht von *Wolany* S. 114, *Zöllner* S. 322, 431, *Immenga* S. 267, 278, 282 und Gmb-Rdsch. **1973** 10f., *Martens* S. 119, *Wiedemann* JZ **1970** 595 und Festschr. Barz 568; **a. M.** für den Konzern: *Barz* § 13 Anh. II 25, 43, 45, 46. Dabei weist *Immenga* mit Recht auf die Verbindung von Leitungsbefugnis und Verantwortlichkeit hin. **27**

Wird die Gesellschaft durch eine Treupflichtverletzung geschädigt, so ist ihr der Verletzer **ersatzpflichtig.** Das gleiche gilt für die Schädigung eines Gesellschafters, bei gleichzeitiger Schädigung der Gesellschaft jedoch nur, soweit er darüber hinaus geschädigt wurde (vgl. §§ 117 Abs. 1 Satz 2, 317 Abs. 1 Satz 2 AktG). Erwägenswert ist, auch einen anderweitigen angemessenen **Ausgleich** zuzulassen, in Anlehnung an den Rechtsgedanken, der in den §§ 243 Abs. 2 Satz 2, 304 und 311 AktG verwirklicht ist. Auch die in Rdn. 20 angeführte Entscheidung des BGH vom 15. 5. 1972 über die verschiedenen Ausgleichsmöglichkeiten bei einem Verstoß gegen den Gleichheitsgrundsatz knüpft an diesen Rechtsgedanken an. **28**

c) Das Gebot der guten Sitten

Das Gebot der guten Sitten (§ 138 BGB) gilt als allgemeine Rechtsregel für das GmbH-Recht ebenso selbstverständlich wie das von Treu und Glauben. Seine Bedeutung als Maßstab gesellschaftsmäßigen Verhaltens ist aber durch die Ausbildung des Grundsatzes von Treu und Glauben und dessen Verdichtung zur Treupflicht (Rdn. 23) stark zurückgetreten. Schon *Wieland* (II 203) hat nachgewiesen, daß die gesellschaftsrechtliche Rechtsprechung des Reichsgerichts seit den 20er Jahren Grundsätze entwickelt hat, die richtiger unter das Gebot von Treu und Glauben als unter das der guten Sitten einzuordnen sind. So wenn es in RGZ **107** 202 (204) ausgesprochen hat, der Gesellschafter leite seine Rechte aus dem Gesellschaftsvertrag her, seine Befugnisse seien ihm als Gesellschafter verliehen, bei ihrer Ausübung habe er sich daher grundsätzlich von dem Interesse der Gesellschaft und nicht von außerhalb der Gesellschaft liegenden Sonderinteressen leiten zu lassen. Über diese Entwicklung s. auch *Zöllner* § 27 II. **29**

Zum Sittenverstoß gehört ein Verhalten, das dem Handelnden zum **sittlichen Vorwurf** gemacht werden kann (vgl. RGZ **150** 1), ein Makel, der schwer nachzuweisen ist und vom Richter auch ungern ausgesprochen wird. Krass eigensüchtige Ausnutzung der Mehrheitsherrschaft, bewußte Hintansetzung des Wohles der Gesellschaft, bewußte Schädigung der Minderheit oder einzelner Gesellschafter gehören hierher. Regelmäßig liegt dann auch eine (grobe) Treupflichtverletzung vor, die sich in den Rechtsfolgen (Rdn. 26—28) von dem Verstoß gegen das Gebot der guten Sitten nicht unterscheidet. **30**

4) Die Übertragung einzelner Verwaltungsrechte

Schrifttum: *R. Fischer* Die unwiderrufliche Stimmrechtsvollmacht in der GmbH, GmbH-Rdsch. **1952** 113; *Teichmann* Gestaltungsfreiheit in Gesellschaftsverträgen

(1970) §§ 17—19; *Schilling* GroßkomHGB § 161 Anm. 31—38; *Wiedemann* Die Übertragung und Vererbung von Mitgliedschaftsrechten bei Handelsgesellschaften (1965) § 12.

31 Die h. M. (s. BGHZ **43** 261, 267; *Fischer* und *Teichmann* m. weit. Nachw, für die Kommanditgesellschaft s. auch die Nachw. bei *Schilling* aaO) verneint die Zulässigkeit der Übertragung einzelner Verwaltungsrechte, insbesondere des Stimmrechts, an Dritte, seien sie Gesellschafter oder Nichtgesellschafter. Begründet wird dies mit der Einheitlichkeit der Mitgliedschaft, dem „Wesen" der GmbH, mit der Bindung des Stimmrechts an die Mitgliedschaft zur Fernhaltung gesellschaftsfremder Einflüsse oder mit dem Gebot der Selbstbestimmung. Diese Begründungen sind nicht überzeugend. Die **Einheitlichkeit** der Mitgliedschaft ist nicht berührt, denn das übertragene Recht bleibt an die Mitgliedschaft gebunden, Rdn. 35. Das **Wesen** der GmbH, wenn es überhaupt ein solches gibt, besteht darin, körperschaftlich organisierter Rechtsträger für jeden erlaubten wirtschaftlichen oder gesellschaftlichen Zweck zu sein. Es steht einer Übertragung einzelner Verwaltungsrechte nicht entgegen. **Gesellschaftsfremden Einflüssen,** d. h. Einflüssen von außen, ist jede Gesellschaft ausgesetzt. Sie sind nur dann unzulässig, wenn sie gesellschaftschädlich sind. Zu deren Abwehr hat die Rechtsordnung Mittel bereitzustellen wie etwa § 117 und die Konzernbestimmungen des Aktiengesetzes (vgl. Rdn. 25—28 und § 13 Anh. II). Der Gedanke der **Selbstbestimmung** verbietet einer Gesellschaft ebensowenig wie einer natürlichen Person, Einflüsse und Rechte Dritter anzuerkennen, ja sich wie im Konzernrecht in deren Abhängigkeit zu begeben. Wenn die Übertragung organschaftlicher Befugnisse (Geschäftsführung und Aufsichtsrat sowie deren Bestellung, Befugnisse der Gesellschafterversammlung, vgl. z. B. BGHZ **43** 264; RGZ **137** 308) an Nichtgesellschafter, wenn Stimmrechtsbindungsverträge (s. Erl. zu § 47) und gemeinsame Vertretung (Rdn. 36) zulässig sind, wie allgemein angenommen wird, so kann die Übertragung von Verwaltungsrechten durch den einzelnen Gesellschafter nicht unzulässig sein. Auch ein starkes **wirtschaftliches Bedürfnis** spricht für die Zulassung. Zu denken ist an den Niessbraucher, den Pfandgläubiger, den Sicherungs- oder Treugeber, den Testamentsvollstrecker (vgl. OLG Hamm BB **1956** 511) oder an die schenkweise Übertragung von Geschäftsanteilen an minderjährige Kinder, bei der sich der Schenker die Verwaltungsrechte vorbehalten will.

32 Es ist daher grundsätzlich als zulässig zu erachten, daß der einzelne Gesellschafter Verwaltungsrechte, besonders das **Stimmrecht,** an eine andere Person, auch an einen Nichtgesellschafter **überträgt** oder ihr zur Ausübung im eigenen Namen **überläßt** oder ihr unter Verzicht auf eigene Ausübung eine **unwiderrufliche Vollmacht** erteilt. Als **übertragbare** Rechte kommen in Frage das Stimmrecht, das Recht auf Teilnahme an der Gesellschafterversammlung und auf Einberufung einer solchen (§ 50 Abs. 1), das Antragsrecht nach § 50 Abs. 2, das Recht auf Auskunft und Einsicht (s. § 45, 21ff.) sowie das Recht zur Geltendmachung der Nichtigkeit und zur Anfechtung von Gesellschafterbeschlüssen.

33 Unverfügbar und **unübertragbar** bleibt ein **Kernbereich** der Mitgliedschaft, der es dem Gesellschafter selbst ermöglicht, sie gegen Eingriffe **in seine Rechtstellung** seitens der anderen Gesellschafter zu behaupten. An **Gesellschafterbeschlüssen,** insbesondere Satzungsänderungen, die solche Eingriffe zum Gegenstand haben, muß der Gesellschafter daher selbst mitwirken. Soweit sie zustimmungspflichtig sind (Rdn. 9, 12, 15, § 35 BGB, § 53 Abs. 3), bedürfen sie seiner Zustimmung (vgl. BGHZ **20** 368f.). Insoweit stehen ihm auch die Rechte aus § 50 und das Recht zur Teilnahme an der Gesellschafterversammlung selbst zu. Das gleiche gilt für das Recht auf Auskunft und Einsicht und auf Geltendmachung der Nichtigkeit oder Anfechtung des Gesellschafterbeschlusses. Zum unverfügbaren Kernbereich gehören schließlich die auf einen **wichtigen Grund** gestützten Rechte aus den §§ 61 und 66 sowie das Austrittsrecht.

Gegenüber der Übertragung (Überlassung, Erteilung einer unwiderruflichen Vollmacht) einzelner Verwaltungsrechte müssen die **Mitgesellschafter** in derselben Weise geschützt sein wie gegenüber der Übertragung des Geschäftsanteils, also der ganzen Mitgliedschaft. Die Übertragung bedarf daher derselben **Zustimmung** wie sie die Satzung gemäß § 15 Abs. 5 für die Übertragung des Geschäftsanteils vorschreibt. Stellt die Satzung das Zustimmungserfordernis nur für die Übertragung eines Geschäftsanteils an Nichtgesellschafter auf, so ist die Übertragung einzelner Verwaltungsrechte an andere Gesellschafter frei. Ist die Übertragung von Geschäftsanteilen überhaupt frei, haben also die Gesellschafter von der Möglichkeit des § 15 Abs. 5 keinen Gebrauch gemacht, so gilt das auch für die Überlassung einzelner Verwaltungsrechte. Im übrigen unterliegt der Berechtigte bei der Ausübung der ihm übertragenen oder überlassenen Mitgliedsrechte denselben Rechtsgrundsätzen wie der Gesellschafter selbst (Rdn. 18—30), insbesondere der **Treupflicht,** sodaß die Mitgesellschafter gegen einen mißbräuchlichen und schädlichen Fremdeinfluß geschützt sind. **34**

Die **Dauer** der Übertragung (Überlassung, Vollmacht) richtet sich nach den vertraglichen Abmachungen zwischen dem Gesellschafter und dem Berechtigten. Sie besteht längstens für die Dauer der Mitgliedschaft des Gesellschafters, denn ihr Gegenstand — die einzelnen Verwaltungsrechte — ist mit dieser **akzessorisch** verbunden. Ob auch der **Rechtsnachfolger** des Gesellschafters an die Übertragung gebunden ist, hängt von den vertraglichen Abmachungen oder den Umständen ab. Immer kann die Übertragung usw. aus **wichtigem Grund widerrufen** werden. **35**

Eine besondere Erscheinungsform der Überlassung von Verwaltungsrechten ist der **gemeinsame Vertreter.** Die Einrichtung ist im Recht der Kommanditgesellschaft von Rechtsprechung und Schrifttum anerkannt (BGHZ **46** 291; *Hueck* ZHR 125 **1963** 1; *Schilling* GroßkommHGB § 161 Anm. 37). BGHZ **46** 291 kennzeichnet die Vertreterklausel des Gesellschaftsvertrags als das Verbot, die Gesellschafterrechte persönlich wahrzunehmen, verbunden mit dem Gebot, die Rechte durch einen gemeinschaftlichen Vertreter einheitlich auszuüben. Im Gegensatz zur Entscheidung BGHZ **20** 363 — mit der sich die spätere Entscheidung im 46. Band nicht auseinandersetzt — erblickt diese in der gemeinsamen Vertretung keine unzulässige Abspaltung, obwohl sie dort wie hier verdrängende, das Recht der Selbstwahrnehmung ausschließende Wirkung hat. Von dem hier vertretenen Standpunkt aus ist eine **Satzungsbestimmung zulässig,** wonach mehrere Gesellschafter, z. B. die Erben eines Gesellschafters nach der Teilung des Geschäftsanteils (vorher gilt § 18) sich durch einen gemeinsamen Vertreter vertreten lassen müssen. Es gilt dann das in Rdn. 33—35 Gesagte entsprechend, insbesondere Rdn. 33 über den unverfügbaren **Kernbereich.** **36**

In den Fällen des § 18 ergeben sich die **Rechtsbeziehungen zwischen den Mitberechtigten** aus dem zugrundeliegenden Rechtsverhältnis, Erbengemeinschaft, Bruchteilsgemeinschaft, BGB-Gesellschaft (s. die Erl. zu § 18). Ist die gemeinsame Vertretung durch die Satzung für die Inhaber **mehrerer Geschäftsanteile** angeordnet, so entstehen, falls die Satzung wie meist keine näheren Bestimmungen trifft, Zweifelsfragen. So, wie der gemeinsame Vertreter zu wählen und abzuberufen ist und ob und wie ihm Weisungen für die Ausübung der Verwaltungsrechte erteilt werden können. Dabei wird man nicht das Recht der BGB-Gesellschaft heranzuziehen haben, sondern das der GmbH. Für die Wahl und die Abberufung des **37** gemeinsamen Vetreters und für sonstige **Abstimmungen** der Vertretenen, insbesondere für Weisungen an den gemeinsamen Vertreter, gilt das für die Gesellschaft gültige Abstimmungsprinzip des Gesetzes (§ 47 Abs. 1 und 2) oder der Satzung. Der gemeinsame Vertreter ist, falls der Gesellschaftsvertrag nichts anderes anordnet, an die **Weisungen** der Vertretenen gebunden. Er ist verpflichtet, für jeden Gesellschafterbeschluß eine Weisung einzuholen. Kommt ein Weisungsbeschluß nicht zustande, so kann der Vertreter die Rechtsausübung unterlassen oder sie nach seinem pflichtgemäßen Ermessen vornehmen. In diesem Falle hat er wie ein weisungsfreier Vertreter zu handeln, d. h. er muß diejenige Entscheidung treffen, die die Interessen der Vertretenen mit denen der Gesellschaft am ehesten in Übereinstimmung bringt.

FSC
www.fsc.org
MIX
Papier | Fördert gute Waldnutzung
FSC® C083411

Kolibri 360 GmbH
Ferdinand-Jühlke-Straße 7
99095 Erfurt, Deutschland
produktsicherheit@kolibri360.de